CW01667528

HISTOIRES DU SOIR

MES CONTES PRÉFÉRÉS

DE GRIMM, PERRAULT ET ANDERSEN

Adaptation : Hélène Rivière
Maquette : Sandrine Morgan
Édition : Chantal Janisson et Lola Salines
Texte composé en Bembo

Illustrations de couverture :
Anaïs Rotteleur pour la première de couverture
et Sandrine Morgan pour la quatrième de couverture et le dos.

Illustrations intérieures :
Jérôme Brasseur, Pascale Breysse, Quitterie de Castelbajac, Estelle Chandelier,
Emmanuel Chaunu, Sébastien Chebret, Bruno David, Anne Defréville, Didier Graffet,
Raphaëlle Michaud, Sandrine Morgan, Clémence Pénicaud, Céline Puthier,
Anaïs Rotteleur, Hanoa Silvy et Vincent Vigla.

© 2010 Éditions Gründ pour l'édition française
www.grund.fr – 60, rue Mazarine – 75006 Paris

ISBN : 978-2-7000-2925-3
Dépôt légal : septembre 2010
Imprimé en Italie

GARANTIE DE L'ÉDITEUR
Malgré tous les soins apportés à la fabrication, il est malheureusement
possible que cet ouvrage comporte un défaut d'impression ou de façonnage.
Dans ce cas, il vous sera échangé sans frais. Veuillez à cet effet le rapporter
au libraire qui vous l'a vendu ou nous écrire à l'adresse ci-dessus en
nous précisant la nature du défaut constaté. Dans l'un ou l'autre cas,
il sera immédiatement fait droit à votre réclamation.

HISTOIRES DU SOIR

MES CONTES PRÉFÉRÉS

DE GRIMM, PERRAULT ET ANDERSEN

GRÜND

Sommaire

Charles Perrault **375**

Hans Christian Andersen

La Princesse au petit pois

illustré par Hanoa Silvy

Il y avait une fois un prince qui voulait avoir une princesse, mais elle devait être une vraie princesse. Et il voyagea dans le monde entier pour en trouver une, mais toujours il y avait quelque chose à redire, les princesses ne manquaient pas, mais étaient-elles de vraies princesses, il ne pouvait s'en assurer tout à fait, toujours il y avait quelque chose qui n'était pas comme il fallait. Et il rentra chez lui tout chagrin, car il aurait voulu avoir une véritable princesse.

Un soir, on eut un temps affreux ; éclairs et tonnerre, pluie à torrent, c'était effrayant. On frappa à la porte de la ville, et le vieux roi alla ouvrir.

C'était une princesse qui était dehors. Mais, Dieu, de quoi avait-elle l'air, avec cette pluie et ce vilain temps ! L'eau lui coulait dans les cheveux et sur ses vêtements, elle lui entrait dans le nez et dans les souliers, et sortait par les talons. Elle dit qu'elle était une véritable princesse.

« Bon, c'est ce que nous allons savoir ! » pensa la vieille reine, mais elle ne dit rien, alla dans la chambre à coucher, enleva toute la literie, et déposa un petit pois au fond du lit, puis elle prit vingt matelas, les étendit par-dessus le pois, et mit encore vingt couettes de plumes d'eider par-dessus les matelas.

C'est là que la princesse devait coucher la nuit.

Le matin on lui demanda comment elle avait dormi.

– Oh, terriblement mal, dit la princesse. Je n'ai presque pas fermé l'œil de toute la nuit ! Dieu sait ce qu'il y avait dans ce lit ? J'ai couché sur quelque chose de dur, et j'en ai le corps tout brun et bleu. C'est terrible !

Alors on put voir que c'était une vraie princesse, puisqu'elle avait senti le petit pois à travers les vingt matelas

et les vingt couettes de plumes. Seule une vraie princesse pouvait avoir la peau si délicate.

Le prince la prit donc pour femme, car il savait maintenant qu'il avait une vraie princesse et le pois fut placé dans le cabinet des objets d'art, où il est encore, si personne ne l'a pris.

Voyez, c'est là une vraie histoire.

Le Sapin

illustré par Sébastien Chebret

Il y avait dans les bois un joli sapin… Il se trouvait planté là à une bonne place ; le soleil l'atteignait, l'air ne lui manquait pas et, autour de lui, poussaient de nombreux camarades pins et sapins plus grands. Mais le petit sapin était très impatient de pousser… Il était indifférent au soleil et au bon air, il ne se souciait pas des enfants de paysans qui passaient en disant : « Comme il est gentil, ce petit sapin ! »

L'année suivante, il s'allongea d'un grand entre-nœud, et l'année d'après, d'un autre encore beaucoup plus grand, car, le sais-tu ? le

nombre de nœuds permet de calculer la croissance d'un arbre. Et le sapin voulait grandir toujours plus…

– Oh, si j'étais un grand arbre comme les autres, soupirait-il, je pourrais étendre mes branches et, de ma cime, contempler le vaste monde. Les oiseaux bâtiraient leurs nids dans mes branches et, quand il y aurait du vent, je saluerais de la tête aussi poliment que les autres !

Le soleil, les oiseaux et les nuages roses qui planaient au-dessus de lui matin et soir ne lui causaient aucun plaisir…

Mais deux hivers passèrent et un troisième et un quatrième encore, puis un cinquième, tout blanc de neige et de givre, qui amena avec lui Noël. De tout jeunes arbres de la forêt furent abattus et son tour à lui arriva enfin… La hache trancha profondément dans sa moelle, il tomba sur le sol avec un soupir et, après une légère défaillance, se trouva, surpris, installé et décoré dans le salon magnifique d'une vaste demeure… À l'une de ses branches, pendaient de petits filets découpés dans du papier de couleur remplis de bonbons, et plus de cent petites lumières étaient fixées dans ses rameaux. Tout en haut, à la cime de l'arbre, fut placée une étoile scintillante, magnifique. Les enfants virevoltaient autour de lui en tapant dans leurs mains et en riant. Ainsi, la fête de Noël battit son plein tout le soir et tout le lendemain dans l'éclat, les rires et la magnificence.

Puis la fête cessa, le silence se fit partout et le sapin fut un jour relégué au fin fond d'une remise sombre. Il fallut toute l'habileté de souris curieuses et bavardes pour le distraire peu à peu et le faire sourire.

– D'où viens-tu ? Et que sais-tu ? demandèrent les souris.

Et il se mit à raconter… Il raconta toute sa jeunesse, toute sa forêt, et les petites souris n'avaient jamais rien entendu de pareil. Elles l'écoutèrent avec attention, et lui dirent :

– Comme tu racontes bien…

Et les nuits suivantes, elles vinrent de plus en plus nombreuses pour entendre ce que disait le sapin et, plus l'arbre parlait, plus il se rappelait tout clairement, et il songeait : « C'était tout de même un temps bien agréable, le temps de la forêt ! »

Mais les petites souris finirent par se lasser et allèrent vaquer à leurs occupations. Et l'arbre soupira :

« C'était un plaisir d'avoir autour de moi ces petites souris agiles qui écoutaient mes récits. Maintenant, c'est fini, ça aussi !… mais je ne manquerai pas de m'amuser quand on va me reprendre. »

Eh bien, cela eut lieu un matin, dans un grand remue-ménage. L'arbre fut jeté dehors par des bras vigoureux mais il se dit :

« Voilà que la vie recommence » !

Il sentait le bon air, les premiers rayons du soleil, et pensait : « Maintenant, je vais vivre ! » sans voir qu'il gisait, desséché, dans une cour triste, et entouré d'enfants malveillants.

L'un des plus jeunes accourut et arracha brusquement l'étoile d'or qui avait été le sommet de sa décoration.

– Regardez ce qui reste encore sur ce vilain arbre de Noël, dit-il, et il piétina les branches qui craquèrent sous ses souliers.

Et l'arbre contempla la splendeur des fleurs et la verdeur du jardin, il se regarda lui-même, et il regretta son coin sombre du grenier ; il pensa au temps vert de sa jeunesse dans la forêt, à la joyeuse soirée de Noël, et aux petites souris, si contentes de l'entendre.

« C'est fini, fini ! songeait le pauvre arbre. Si, du moins, j'avais

été heureux, quand je le pouvais ! »

Et, comme pour lui donner raison, le domestique de la maison vint et coupa l'arbre en petits morceaux. Cela fit un gros tas qui flamba superbement, mais à chaque éclat, l'arbre pensait à un jour d'été dans la forêt, ou à une nuit d'hiver sous le scintillement des étoiles…

Les enfants jouèrent gaiement dans la cour autour du feu de bois. Finie, cette soirée, fini l'arbre, et finie aussi l'histoire… pour bien dormir et la redire demain…

Hans le Balourd

illustré par Pascale Breysse

Il y avait à la campagne un vieux manoir, et dans ce manoir un vieux seigneur qui avait deux fils. Ils voulaient demander la main de la fille du roi et pouvaient y prétendre, car la princesse avait déclaré qu'elle épouserait le plus habile à plaider sa cause.

Chacun d'eux était convaincu de la conquérir… L'un savait par cœur le dictionnaire latin et trois années du journal de la ville ; le deuxième était capable de réciter tous les règlements de l'État et savait, en plus, broder les harnais.

Leur père leur donna à chacun un beau cheval. Le premier en eut un d'un noir de charbon, et le deuxième un blanc comme lait. Et voilà qu'au moment de partir, surgit soudain le troisième frère – ah ! oui, au fait, il y avait bien un troisième frère ! – qu'on appelait Hans le balourd.

– Où allez-vous, en si grande toilette ? demanda-t-il.

– À la cour, pour gagner la fille du roi.

– Parbleu, il faut que j'en sois ! dit Hans le balourd.

Les frères se moquèrent de lui et se mirent en route.

– Père, donne-moi un cheval ! cria Hans le balourd. J'ai grande envie de me marier.

– Tu dis des bêtises, répliqua le père, et je ne te donnerai pas de cheval.

– Tant pis ! Je prendrai le bouc !

Aussitôt dit, il l'enfourcha et retrouva ses frères qui chevauchaient en silence.

– Oh ! Oh ! cria Hans le balourd, j'arrive ! Regardez ce que j'ai trouvé sur la route !

Et il leur montra une corneille morte.

– Balourd, dirent-ils, qu'est-ce que tu veux en faire ?

– Je l'offrirai à la fille du roi !

– Oui, oui, fais cela !

Et ils continuèrent leur chemin en riant.

– Oh ! Oh ! J'arrive ; regardez ce que j'ai trouvé maintenant !

– Balourd, dirent-ils, c'est un vieux sabot tout abîmé !

– C'est pour la fille du roi ! répliqua Hans le balourd.

Et les frères rirent à nouveau et prirent une forte avance.

– Oh ! Oh !

Et Hans le balourd sortit alors de sa poche, comme une denrée précieuse, la boue qu'il avait trouvée en chemin pour la montrer aux deux frères moqueurs…

Mais les frères coururent à bride abattue pour arriver tôt à la porte de la ville, où les prétendants au cœur de la princesse attendaient déjà en rangs serrés.

Les habitants du pays se tenaient devant les fenêtres du château pour assister à la scène.

Mais dès qu'un prétendant se présentait, il perdait aussitôt la parole et se faisait chasser par la belle :

– Bon à rien ! disait-elle. Va !

Puis vint le tour des frères. Celui qui connaissait tout le dictionnaire se présenta alors, mais avait tout oublié à force de rester en rang. À chaque fenêtre étaient trois secrétaires et un maître juré, dont chacun inscrivait tout ce qui était dit, afin que cela pût tout de suite paraître dans le journal ; c'était affreux. Et puis il y avait un tel feu dans le poêle que le four était rouge.

– Il fait rudement chaud ici ! dit le prétendant.

– C'est parce que mon père rôtit des poulets aujourd'hui, dit la fille du roi.

Aïe ! Il ne sut dire un mot, car il fallait une réponse amusante…

– Bon à rien, dit la fille du roi. Va !

Ce fut alors le tour du deuxième frère.

– Il fait terriblement chaud ici ! dit-il.

– Oui, nous cuisons des poulets aujourd'hui, dit la fille du roi.

– Comment… ? Vous dites… ?

– Bon à rien, dit la fille du roi. Va !

Alors vint le tour d'Hans le balourd, qui fit son entrée juché sur son bouc.

– Oh ! Quelle chaleur étouffante, dit-il.

– C'est parce que je rôtis des poulets, dit la fille du roi.

– Tiens, c'est drôle, dit Hans le balourd. Alors je pourrais bien me rôtir une corneille ?

– Vous le pouvez très bien, dit la fille du roi. Mais avez-vous ce qu'il faut pour la mettre ?

– J'ai ce qu'il faut, dit Hans le balourd, voici une casserole avec un manche d'étain !

Il sortit le vieux sabot et y mit la corneille.

– Ça suffit pour tout un repas, dit la fille du roi, mais où prendrons-nous la sauce ?

– Dans ma poche, dit Hans le balourd en montrant la boue qu'il avait ramassée, j'en ai autant que j'en puis verser.

– Ça me plaît ! dit la fille du roi, tu sais répondre, et tu sais parler, et je veux t'avoir pour mari ! Mais sais-tu que tout ce que nous disons et avons dit est consigné par écrit ? À chaque fenêtre tu vois trois secrétaires et un vieux maître juré, et le maître juré est le pire, car il ne comprend rien.

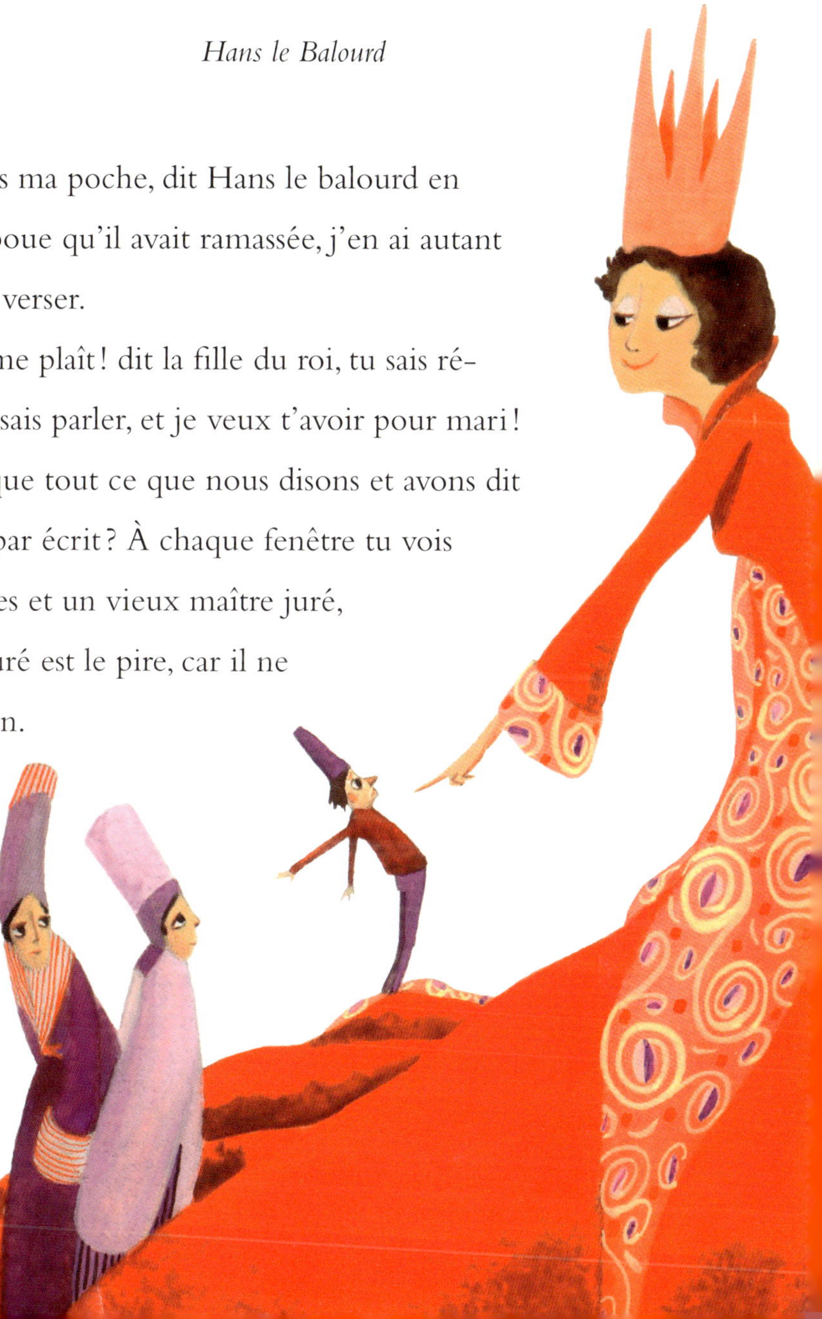

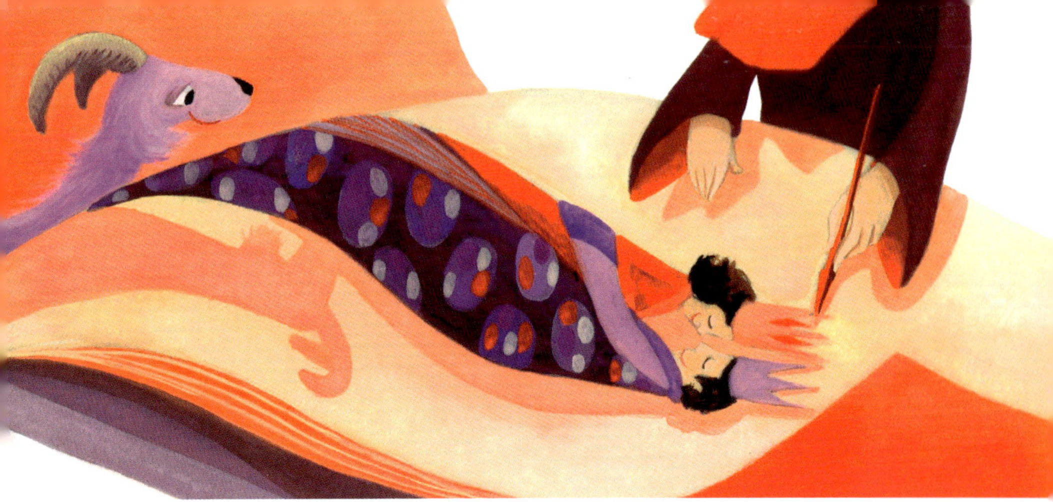

Elle disait cela pour lui faire peur. Et tous les secrétaires se rebiffèrent et firent des taches d'encre sur le parquet en signe de protestation.

– Ça c'est du beau monde ! dit Hans le balourd, il faut que je donne au maître juré ce qu'il y a de mieux !

Et il retourna ses poches et lui jeta la boue en pleine figure.

– Joliment fait ! dit la fille du roi, je n'aurais pas pu faire ça ! Mais j'apprendrai !…

C'est ainsi qu'Hans le balourd devint roi, eut une femme et une couronne et s'assit sur un trône, et nous le savons par le journal du maître juré… auquel on ne peut se fier !

Le Rossignol

illustré par Céline Puthier

Il y a longtemps vivait en Chine un empereur puissant. Son palais était si somptueux que le monde entier le lui enviait. Il était situé au milieu d'un jardin aussi grand qu'une ville, où poussaient des fleurs d'eau délicates. Là, sous les arbres, des pêcheurs venaient s'allonger le soir au crépuscule et écoutaient le chant d'un rossignol. « Que c'est beau ! » disaient-ils.

Des voyageurs venaient de pays fort lointains pour visiter la cité impériale. Ils louaient tous sa beauté, mais quand l'un d'eux s'aventurait dans la forêt voisine, il ne pouvait s'empêcher d'admirer le chant du rossignol.

Rentrés chez eux, ces voyageurs racontaient leur incroyable voyage dans des livres qui parlaient tous d'un fabuleux rossignol dont le chant était plus beau que tout ce que les Terres du Milieu ont porté.

On fit parvenir ces livres à la cour de Chine. Et c'est ainsi que l'empereur finit par apprendre qu'il possédait un rossignol qui charmait le monde.

Il fit alors venir son chancelier et lui confia :

– Il y a dans mon jardin un rossignol que le monde entier loue et dont je ne sais rien. Trouve-le.

Le chancelier se démena, interrogeant chacun sur ce rossignol,

mais en vain. Au crépuscule, épuisé, il retourna voir l'empereur.

– Je ne l'ai pas trouvé, Votre Majesté. Je doute d'ailleurs qu'il existe. Vous ne devriez pas croire ce que l'on écrit.

Alors l'empereur se mit en colère.

– Ce livre m'a été envoyé par le puissant empereur du Japon, et l'on ne ment guère à la cour du Soleil Levant. Je veux entendre ce rossignol car il mérite toutes mes faveurs !

– Bien, Sire, répondit le chancelier intimidé.

De nouveau, il chercha le rossignol partout. Enfin, dans les cuisines du palais, il découvrit une jeune fille bien pauvre, qui lui dit gentiment :

– Je sais où se trouve ce rossignol. Je m'arrête souvent dans la forêt proche pour l'entendre et cela me remplit de joie.

La fillette lui montra le chemin et tous les courtisans la suivirent. Dans la forêt, elle leur montra l'oiseau.

– Rossignol, l'empereur aimerait t'entendre ce soir. Voudrais-tu nous accompagner ? lui demanda-t-elle.

– Avec plaisir, répondit l'oiseau.

Ce fut une belle soirée. Toute la noblesse de Chine était réunie dans la salle du trône.

Le silence se fit quand le rossignol vint se poser sur le perchoir en or, près de l'empereur. Puis il chanta. Et ce fut un véritable délice. Personne ne parlait. Tous regardaient le rossignol et les larmes de l'empereur.

Car l'empereur était ému. Touché au plus profond de son cœur par la douce mélodie, il pleurait. Dès que l'oiseau se tut, il insista pour le décorer de la plus haute distinction. Mais le rossignol lui répondit :

– Non, Sire, j'ai vu vos larmes et c'est mon plus beau présent.

Les jours suivants, l'oiseau chanta de nouveau. Et bientôt, la ville tout entière fredonna l'air du rossignol.

Enfermé dans une cage d'or fin suspendue dans le jardin, il ne pouvait en sortir que trois fois par jour, la patte attachée à douze fils de soie, tenus par douze domestiques en livrée.

Plus les courtisans et le peuple parlaient avec admiration du rossignol et plus l'oiseau se sentait à l'étroit, loin de sa forêt. Et bientôt, il s'ennuya.

Or, un matin, un paquet fut apporté par un messager. On l'ouvrit. Dans une boîte de bois précieux, un petit oiseau mécanique en argent, recouvert de rubis et de diamants était accompagné de ces mots : « L'oiseau de l'empereur du Soleil Levant est peu de chose à côté du rossignol de l'empereur de Chine. » L'on fit chanter l'automate. Ce fut l'étonnement général.
Son chant était si pur ! Et plus on l'écouta, plus le chant du rossignol parut bien terne à côté. D'ailleurs, on chercha celui-ci, mais en vain. Voilà que par une fenêtre entrouverte, il s'était échappé.

Les jours suivants, l'oiseau d'argent chanta plus de trente fois devant une cour ébahie. Le maître de musique s'exclama :

– Sire, voyez la supériorité de cet oiseau. Son chant original nous apparaît naturel et ne nous lasse jamais. C'est cela qui le rend si exceptionnel.

Le vrai rossignol fut ainsi oublié de tous. Mais les pêcheurs qui se souvenaient du rossignol répétaient :

– C'est beau, mais il manque un petit quelque chose à cet oiseau d'argent…

L'oiseau d'argent reçut la récompense que le rossignol avait osé refuser. Durant un an, le chant de l'oiseau d'argent, posé sur la table de nuit, présida au réveil de l'empereur. Toute la population de la ville connaissait désormais sa mélodie.

Un matin, alors que l'oiseau mécanique venait d'être remonté pour le lever de l'empereur, un petit clic se fit entendre à l'intérieur, suivi d'un couac et d'un ploc. L'instant d'après, l'oiseau se tut.

Une heure plus tard, l'horloger du palais se présenta et ouvrit le mécanisme.

– Ses rouages sont usés, dit-il. Il est impossible de les remplacer car leur agencement est d'une finesse extraordinaire. Je peux bien sûr le réparer, mais il faudra désormais l'écouter moins souvent, si vous ne voulez pas que s'éteigne à jamais cette petite musique.

L'oiseau ne chanta donc plus qu'une fois par an. Cinq années passèrent. L'état de santé de l'empereur s'aggrava et l'on craignit pour sa vie.

Dans sa grande chambre, l'empereur, pâle et glacé, attendait la mort. Le silence régnait, et tout le monde attendait le jour où l'oiseau d'argent chanterait.

Cependant, l'empereur n'était pas encore mort. Un soir, plus las encore que de coutume, il ouvrit les yeux et vit la Mort s'approcher de lui. Elle s'assit entre son oiseau d'argent et lui. Elle tenait dans ses mains un grand sabre d'or et un drapeau de conquête.

Tournoyant autour de lui, elle l'interrogea :

– Te souviens-tu, Empereur, de cette mauvaise action que tu as accomplie ?

– Non, je ne me souviens pas, répondit l'empereur.

Les serviteurs, croyant que l'empereur parlait tout seul, l'abandonnèrent tout à fait et les mauvais esprits le harcelèrent plus encore.

L'empereur à l'agonie appela l'oiseau mécanique.

– Chante pour moi. Ne m'abandonne pas.

Mais l'oiseau d'argent ne répondit rien, et l'empereur resta dans la pénombre, à la merci de la Mort qui riait près de lui.

Soudain, une mélodie familière s'éleva. C'était le rossignol qui venait consoler l'empereur. Perché sur le chambranle de la fenêtre, il lançait des trilles joyeux. Son chant séduisit la Mort.

– Chante encore, lui dit la Mort, et je te donnerai mon sabre.

Alors l'oiseau chanta.

La Mort mélancolique abandonna un à un ses joyaux. Et elle

se dissipa comme un brouillard.

– Merci, mon petit rossignol. Merci d'être revenu sauver celui qui t'avait honteusement chassé. Accepte mes pauvres excuses. Comment te récompenser à présent ?

– Je n'ai besoin de rien, répondit le rossignol. J'ai vu, un jour, les larmes de mon empereur. J'ai vu combien ton cœur était bon. Les mauvais conseillers qui t'entourent t'ont mal guidé et je ne t'en veux pas. Dors maintenant. Reprends des forces.

– Mais désormais, resteras-tu auprès de moi ? interrogea le monarque.

– Je resterai jusqu'à ce que tu ailles mieux, mais ton palais n'est pas un lieu où construire mon nid. Le soir, je viendrai, je chanterai les bonheurs de la terre pour toi. Mais je te demande une chose…

– Laquelle ? interrogea l'empereur.

– Tu ne devras jamais révéler que tu as près de ton cœur un oiseau qui te raconte tout et te guide.

L'empereur promit de garder le secret et s'endormit. Son sommeil fut long et réparateur. Quand l'aube parut, alors que le mauvais chancelier et l'ambitieux maître de musique venaient voir si l'empereur était enfin mort, ils le trouvèrent face à eux, impassible, un sourire aux lèvres.

L'empereur vécut ainsi de longues années encore, aimé de son peuple dont il connaissait les misères grâce au chant du rossignol. Ses mauvais conseillers furent chassés.

Quant à l'oiseau d'argent, on raconte que la nuit, quand tout le monde dort, le rossignol vient le voir, remonte son mécanisme et se met à chanter avec lui.

La Fée du sureau

illustré par Clémence Pénicaud

Il était une fois un petit garçon qui rentra de l'école si enrhumé que sa mère le mit vite au lit, en lui apportant une bonne tisane de sureau.

À peine eut-elle déposé la théière à son chevet qu'entra leur voisin, toujours prêt à rendre visite et à raconter une bonne histoire.

– Regarde bien sur la théière, dit-il au petit garçon, voilà un joli conte qui arrive !

Le petit garçon se tourna alors vers la théière où s'étaient mises à pousser des fleurs de sureau transformées en un charmant buisson. Le buisson recouvrait le lit et, au milieu des grandes fleurs blanches, on devinait une forme étrange. C'était la fée du sureau, cette délicieuse fée qui connaît des histoires venues de temps immémoriaux…

Le petit garçon fixa la silhouette de la fée qui devint floue, et il vit alors que les branches de sureau, lentement, les entouraient ; puis la fée du sureau le pressait doucement contre sa poitrine, et hop ! Ils s'envolèrent dans les airs !

La fée du sureau était devenue une ravissante petite fille ; ses yeux étaient grands et bleus, c'était un plaisir de la regarder. Elle et le garçon s'embrassèrent, ils étaient du même âge et avaient les mêmes goûts.

– Maintenant, nous sommes à la campagne, disait la petite fille. Et nous voilà devant l'église. Et maintenant, voilà la forge, où le feu brûle. Viens, courons, courons vers le château !

Puis ils volèrent au loin dans tout le Danemark, et ce fut le printemps, et ce fut l'été, et ce fut l'automne et ce fut l'hiver, et mille images se reflétèrent dans l'œil et le cœur du garçon, et toujours la fillette lui chantait :

– Ça, tu ne l'oublieras jamais !

Et dans les airs le sureau embaumait toujours.

– Que le printemps est beau ici ! disait la fillette.

Ils étaient maintenant dans une forêt de hêtres et le muguet exhalait à leurs pieds son parfum, et les anémones rose pâle tapissaient délicieusement la verdure. Oh, si le printemps pouvait durer toujours dans l'odorante forêt de hêtres danoise !

– Que l'été est beau ici ! disait la fillette.

Et ils traversaient toutes les saisons main dans la main. Et la petite montrait tout au garçon, et toujours le sureau embaumait.

Puis le garçon devenait jeune homme, et il devait s'en aller dans le vaste monde, très loin, vers les pays chauds où pousse le café. Mais, à son départ, la petite fille avait pris une fleur de sureau sur sa poitrine ; elle la lui donna pour qu'il la conserve et, toujours, il la conserva. Et plus il la regardait, plus la fleur se ranimait ; il sentait comme un arôme des forêts danoises, et il voyait nettement, parmi les pétales de la fleur, la petite fille qui montrait ses clairs yeux bleus et murmurait :

– Qu'il fait bon ici au printemps, en été, en automne et en hiver !

Et le garçon voyait, en pensée, des centaines d'images.

Ainsi passèrent de nombreuses années, et il était devenu à présent un vieil homme. Ils étaient assis là, tous les deux, comme un roi et une reine, sous l'arbre odorant, qui avait tout à fait l'air d'un sureau, et le vieux dit alors à sa vieille femme l'histoire de la fée du sureau, telle qu'on la lui avait contée lorsqu'il était un petit garçon, et ils trouvèrent tous les deux que cette histoire ressemblait fort à la leur, et ce qui était semblable était ce qu'ils aimaient le mieux.

– Oui, c'est ainsi ! dit une voix qui venait de l'arbre. Il y en a qui m'appellent la fée du sureau, mais mon vrai nom, c'est le rêve. C'est moi qui siège dans l'arbre, qui pousse, et pousse, je sais me rappeler, je sais raconter ! Montre-moi si tu as encore la fleur, dit-elle encore au vieux…

Le petit garçon était là, éveillé dans son lit ; il ne savait pas s'il avait rêvé ou s'il avait entendu raconter tout cela. La théière était sur la table, mais il n'en sortait aucun sureau, et le vieil homme qui avait raconté le conte s'en était allé.

– Oh, c'était délicieux ! dit le petit garçon. Mère, je suis allé dans les pays chauds !

– Oui, je pense bien, dit la mère, quand on a bu deux tasses de tisane de sureau fumante, on doit arriver dans les pays chauds !

Et elle le borda bien, pour qu'il ne se refroidisse pas.

– Et où est la fée du sureau ? demanda le garçon.

– Elle n'est plus dans la théière, répondit la mère, mais je suis sûre qu'elle y reviendra !

Le Costume neuf de l'empereur

illustré par Sébastien Chebret

Il y a longtemps, vivait un empereur qui raffolait tellement des beaux costumes neufs qu'il en avait un pour chaque heure du jour et consacrait tout son argent à sa toilette.

Dans la grande ville où il habitait, on s'amusait beaucoup.

Voici qu'un jour, arrivèrent deux escrocs. Ils se donnaient pour

tisserands et prétendaient tisser l'étoffe la plus ravissante que l'on pût imaginer. Non seulement les couleurs et le dessin étaient exceptionnellement beaux, mais les habits taillés dans cette étoffe avaient aussi la propriété merveilleuse d'être invisibles à quiconque ne savait pas remplir sa fonction, ou s'avérait d'une irrémissible bêtise.

« Voilà de charmants habits, se dit l'empereur. En les portant, je pourrai découvrir quels hommes ne savent pas remplir leur fonction dans mon royaume, je pourrai distinguer les gens intelligents des sots ! Oui, tout de suite il faut que l'on me tisse cette étoffe ! »

Et il donna ainsi beaucoup d'argent aux deux escrocs à titre d'arrhes pour qu'ils commencent leur travail.

« Je voudrais bien savoir où ils en sont de leur étoffe », se dit un jour l'empereur.

Mais il jugeait plus prudent d'envoyer auparavant quelqu'un pour s'en informer…

L'empereur délégua en premier lieu son vieux et brave ministre « car il est intelligent, se dit-il dans sa barbe, et que personne ne remplit sa fonction mieux que lui… »

Et le vieux et honnête ministre entra ainsi dans la salle où les deux escrocs travaillaient à leurs métiers vides.

« Je ne vois rien du tout ! » pensa-t-il.

Mais il ne dit rien, de peur qu'on puisse croire qu'il était bête ou remplissait mal sa fonction.

– Ah ! Ce dessin et ces couleurs !… oui, je dirai à l'empereur que cela me plaît extrêmement !

La même scène se reproduisit avec d'autres émissaires… jusqu'au jour où l'empereur en

personne, accompagné de ses courtisans, se rendit dans l'atelier.

« Comment ! se dit l'empereur. Je ne vois rien ! C'est effrayant, suis-je bête ? Ne suis-je pas capable d'être empereur ? Ah ! Il ne pourrait rien m'arriver de plus terrible ! »

– Oh, c'est très beau, fit-il alors, très beau : je donne ma plus haute approbation !

Toute la suite qui l'entourait renchérissait : « Oh, c'est très beau ! Comme c'est beau ! ». Et l'empereur gratifia chacun des deux escrocs d'une croix de chevalier à mettre à sa boutonnière, et du titre d'écuyer-tisserand.

Et c'est ainsi que l'empereur décida qu'il porterait ce nouveau costume lors de la grande procession !

Les préparatifs de l'événement mobilisèrent les deux escrocs pendant plusieurs jours et ils firent comme s'ils ôtaient l'étoffe du métier, ils coupaient l'air avec de grands ciseaux, cousaient avec des aiguilles sans fil… Puis ils déclarèrent enfin :

– Voilà, le costume est terminé ! Votre Majesté impériale veut-elle avoir la bonté de se déshabiller, pour que nous lui mettions l'habit neuf devant ce grand miroir ?

L'empereur ôta alors tous ses vêtements et les escrocs firent simplement les gestes de le vêtir avec des habits d'apparat… qui n'existaient pas !

– Dieu, comme c'est bien pris ! Comme ça convient parfaitement ! dirent-ils tous. Quel dessin ! Quelles couleurs ! En voilà, un précieux habit !

L'empereur s'admirait dans la glace tandis que les chambellans s'apprêtaient, eux, à porter la traîne en marchant, les mains devant, car ils ne voulaient pas que l'on s'aperçût qu'ils ne voyaient rien !

Et c'est ainsi que l'empereur défila dans la procession sous le magnifique dais, tandis que tout le monde, dans la rue et aux fenêtres, disait : « Dieu, comme le nouveau costume de l'empereur est splendide ! Quelle belle traîne il a ! Comme elle est d'un bel effet ! »

Personne ne voulait que l'on s'aperçût qu'on ne voyait rien soi-même. Cela aurait prouvé qu'on ne remplissait pas bien sa fonction, ou qu'on était bête. Et aucun costume de l'empereur n'avait obtenu avant ce jour un tel succès !

– Mais il n'a rien sur lui ! s'exclama soudain un petit enfant.

– Grand Dieu, entendez la voix de l'innocence, dit le père.

Et chacun de chuchoter à son voisin ce que l'enfant avait dit.

– Il n'a rien sur lui ! Un petit enfant dit que l'empereur n'a rien sur lui !

– Il n'a rien sur lui ! Il n'a rien sur lui ! cria finalement tout le peuple.

Alors l'empereur eut un frisson, car il lui semblait bien que ces gens avaient raison. Mais il se disait qu'il lui fallait subir la procession jusqu'au bout, et il prit une allure encore plus fière, et les chambellans marchèrent, tenant la traîne qui n'existait pas…

Le Vilain Petit Canard

illustré par Anne Defréville

Oh, qu'il faisait bon, dehors, à la campagne ! C'était l'été. Les blés étaient jaunes, l'avoine verte, le foin était rassemblé en tas dans les prés, et la cigogne marchait sur ses longues jambes rouges et parlait égyptien, car sa mère lui avait appris cette langue.

En plein soleil s'élevait un vieux château entouré de douves profondes où poussaient des bardanes. L'endroit était aussi sauvage que la plus épaisse forêt, et là, une cane, sur son nid, couvait ses futurs canetons qui devaient bientôt sortir des œufs.

Enfin, un beau jour, les œufs craquèrent l'un après l'autre. On entendait « clac ! clac ! » : tous les jaunes d'œuf étaient devenus vivants et sortaient la tête. Il n'en manquait qu'un à l'appel, qui arriva après plusieurs jours.

– Voilà un caneton terriblement gros, dit la cane en conduisant toute la famille dans la basse-cour.

Tous y furent reçus gentiment, à l'exception du pauvre caneton qui était sorti de l'œuf le dernier. Il était si laid qu'il fut mordu, bousculé et nargué, à la fois par les canes, les poules et toute la basse-cour.

Et ça alla de mal en pis. Le pauvre caneton fut ensuite pourchassé par ses frères et sœurs eux-mêmes, qui lui disaient :

– Si seulement le chat t'emportait, hou, le vilain !

Et la mère ajoutait :

– Je voudrais que tu sois bien loin !

Alors un jour, il s'envola par-dessus la haie et parvint au grand marais habité par les canards sauvages. Il y passa toute la nuit, très las et très triste. Et, le jour suivant, il dut apprendre à fuir les chasseurs avec leurs chiens féroces. Mais ce n'était là que le début de ses mésaventures car tous les animaux qu'il rencontrait, sans exception, le dédaignaient à cause de sa laideur. Et même, souvent, les hommes et les enfants des hommes le pourchassaient de leur bâton en le menaçant.

L'automne arriva et, avec lui, le froid puis le gel. Le pauvre caneton n'était certes pas à son aise…

Un soir, comme le soleil se couchait, surgit dans le ciel superbe tout un troupeau de beaux, grands oiseaux, qui volaient haut, très haut, et le vilain petit caneton éprouva une impression étrange. Il se mit à tourner en rond dans l'eau comme une roue, tendit le cou en l'air vers ces oiseaux, poussa un cri si fort et si bizarre que lui-même en eut peur. Oh ! Il n'oublierait jamais ces charmants oiseaux, ces heureux oiseaux ! Sitôt qu'il ne les vit plus, il plongea jusqu'au fond de l'eau, et lorsqu'il revint à la surface, il fut comme hors de lui. Il ne savait pas le nom de ces oiseaux, ni où ils allaient, mais il les aimait comme jamais il n'avait aimé personne ! Il n'en était pas du tout jaloux : comment aurait-il pu avoir l'idée de souhaiter une telle grâce ? Il aurait été heureux si seulement les canards l'avaient supporté parmi eux… pauvre vilaine bête !

L'hiver qui suivit fut glacial, et le caneton eut alors très très froid en se cachant dans les buissons couverts de neige. Et ce fut un bien triste hiver… Mais il pensait pour se réchauffer aux grands oiseaux blancs qu'il avait vus, haut dans le ciel…

Enfin, après des mois interminables, le printemps un beau jour arriva. Et, à la suite de cet hiver si rigoureux, ce fut une explosion de

fleurs et de chants d'oiseaux. Toute la nature revivait ! Et tandis que le caneton savourait cette douceur, droit devant lui, sortant du fourré, s'avancèrent trois beaux cygnes qui battaient des ailes et nageaient avec grâce. Il reconnut les magnifiques bêtes, et les grands cygnes se mirent à nager autour de lui et à le caresser avec leurs becs.

Des petits enfants arrivèrent dans le jardin, jetèrent du pain et du grain dans l'eau, et le plus jeune s'écria :

– Il y en a un nouveau ?

Et les autres enfants étaient ravis :

– Oui, il y en a un nouveau !

Et ils battirent des mains et dansèrent en rond, coururent chercher leur père et leur mère. On jeta dans l'eau du pain et de la galette, et tout le monde dit :

– Le nouveau est le plus beau ! Si jeune et si joli !

Et les vieux cygnes le saluèrent.

Tout confus, le jeune cygne cacha sa tête sous son aile. Il ne savait plus où il en était ! Il était trop heureux, mais nullement orgueilleux, car un bon cœur n'est jamais orgueilleux. Il songeait combien il avait été honni et pourchassé, et maintenant il entendait dire qu'il était le plus charmant des charmants oiseaux ! Et les lilas inclinaient leurs branches sur l'eau jusqu'à lui, et le soleil brillait et le réchauffait.

Alors ses plumes se gonflèrent, son cou mince se dressa, et, le cœur ravi, il cria :

– Jamais je n'ai rêvé d'un tel bonheur, quand j'étais le vilain petit canard !

Le Jardinier et ses patrons

illustré par Bruno David

À un mille de la capitale était un vieux manoir aux murs épais, flanqué de tours et de pignons.

Il était habité par une riche famille de la plus haute noblesse, c'était le meilleur et le plus beau des domaines qu'elle possédait.

Les patrons employaient un jardinier habile, et c'était un plaisir de voir prospérer le jardin, le verger et le potager. Près des buis, taillés en dômes ou en pyramides, se dressaient deux vieux arbres puissants, presque toujours dépouillés de leurs feuilles et où, depuis des temps immémoriaux, une foule de freux et de corbeaux bâtissaient leurs nids en criant « Kra ! Kra ! Kra ! »

C'était là tout l'univers de Larsen, le jardinier.

Un jour, ses patrons voulurent savoir d'où provenaient les pommes et les poires si savoureuses qu'ils avaient dégustées la veille, chez des amis raffinés.

Le jardinier connaissait bien le marchand de fruits, car c'était justement à lui qu'il vendait, au nom de ses patrons, le surplus du verger.

Il se rendit alors en ville et demanda au compère où il avait obtenu ces pommes et ces poires si appréciées.

– Elles sont de votre propre jardin ! dit alors le marchand de fruits, et il montra au jardinier les fruits qu'il reconnut.

Larsen fut enchanté de cette révélation. Il en fit part à ses maîtres dès son retour et en fut bien complimenté.

Et, chaque jour, furent servies sur la table des patrons de grandes coupes de ces superbes pommes et de ces splendides poires de leur propre jardin.

Quelque temps passa et les patrons furent invités un soir à dîner à la Cour.

Le lendemain, le jardinier fut à nouveau appelé. On avait servi au dîner des melons exquis provenant des serres de Sa Majesté.

– Il faut aller trouver le jardinier de la Cour, mon bon Larsen, et nous procurer les graines de ces délicieux melons.

– Mais le jardinier de la Cour utilise nos propres graines ! répondit Larsen, heureux et fier.

Et les patrons étaient au fond bien

contents d'avoir un jardinier comme Larsen. Mais ils ne voulurent pas trop le complimenter.

« Pourvu que notre jardinier n'aille pas concevoir une trop haute opinion de lui-même ! » se disaient-ils.

Leur appréhension était mal fondée : au lieu de s'enorgueillir et de se reposer sur sa renommée, Larsen n'en eut que plus d'activité et de zèle. Chaque année il s'attacha à produire quelque nouveau chef-d'œuvre. Il y réussit presque toujours.

Un jour, il apporta au salon une grande coupe de cristal où s'étalait une feuille de nénuphar sur laquelle reposait une splendide fleur bleue.

– C'est superbe ! s'écrièrent les patrons. On dirait le lotus de l'Hindoustan !

La fleur fit grand bruit, les patrons voulurent la montrer à toutes leurs connaissances. Elle plut particulièrement à la fille du roi, qui voulut savoir d'où elle venait.

Mais lorsqu'ils demandèrent à Larsen quelle était cette fleur si belle et si rare, il leur répondit :

– Ce n'est qu'une modeste fleur du potager, mais n'est-ce pas qu'elle est belle ? Elle ressemble à un cactus bleu, alors que c'est une simple fleur d'artichaut !

– Grand Dieu ! Une fleur d'artichaut ! s'écrièrent les patrons. Mais, malheureux, vous auriez dû nous dire cela tout d'abord. Que va penser la princesse ? Quelle idée avez-vous eue d'introduire dans nos appartements une fleur de rien ! Vous nous avez rendus ridicules.

Les maîtres se firent à la hâte excuser auprès de la princesse, rejetant la faute sur leur jardinier qui avait eu cette bizarre fantaisie, et qui avait reçu une verte remontrance.

– C'est un tort et une injustice, répondit la princesse. Comment !

Il a attiré nos regards sur une magnifique fleur que nous ne savions pas apprécier; il nous a fait découvrir la beauté où nous ne nous avisions pas de la chercher, et on l'en blâmerait!

Et Larsen fut prié d'apporter une fleur d'artichaut tous les jours au château. Et c'est ce qu'il fit, tant que dura la saison.

Le jardinier reçut là encore des compliments.

– Oh ! Les compliments, les éloges, voilà ce qu'il aime ! disaient les maîtres, il est comme un enfant gâté.

En automne, il y eut une nuit un terrible orage qui déracina de grands arbres. Au matin, les patrons en furent tout chagrins. Le jardinier ne dit rien, mais pensa que le superbe emplacement ensoleillé dont il n'avait pas disposé jusqu'alors allait devenir la parure du jardin et la joie des patrons.

Et, sur-le-champ, il s'activa, planta ici un fourré d'arbustes, là, des plantes des champs et des bois. Il soignait tout avec amour et tout poussait superbement. Sur le devant, alignés contre des fils de fer, grandissaient de petits poiriers qui, avec des soins et du soleil, ne tardèrent pas à donner de gros fruits savoureux.

À la place des vieux arbres dénudés, fut dressé un grand mât

où flottait un drapeau rouge et blanc. Selon le vieil usage, Larsen accrocha, l'hiver venu, une gerbe d'avoine, afin que les oiseaux du ciel eussent à manger pour Noël.

– Le bon Larsen devient sentimental sur ses vieux jours ! constatèrent les patrons. Mais il nous est fidèle et dévoué !

Au jour de l'an, parut dans une revue illustrée de la ville voisine, une gravure du vieux manoir ; on y voyait le drapeau et le gerbillon d'avoine pour les oiseaux du ciel. Et l'article louangeait cette belle idée de perpétuer ainsi un vieil usage.

– Tout ce que fait ce Larsen, dirent les patrons, on en parle haut et fort ! C'est un homme heureux ! Nous devons presque être fiers de l'avoir !

Mais ils n'en étaient pas fiers du tout. Ils sentaient qu'ils étaient les patrons, qu'ils pouvaient congédier Larsen. Ils ne le firent pas, c'était de braves gens. Mais ce genre de bonté n'est pas rare, et c'est heureux pour les gens comme Larsen.

Eh bien ! Voilà terminée l'histoire du « jardinier et ses patrons ».

Et, maintenant, dites ce que vous en pensez si vous le souhaitez !

Poucette

illustré par Anaïs Rotteleur

Poucette était une petite fille, mignonne, gentille, et pas plus haute qu'un pouce. C'est pour cette raison qu'on l'appelait Poucette. Elle était née dans le cœur d'une magnifique tulipe. Son berceau était une coquille de noix laquée, son matelas et son édredon des pétales de violettes et de roses.

Une nuit, tandis qu'elle dormait tranquillement dans son lit délicieux, une vilaine grenouille qui avait un fils à marier s'empara de la coque de noix, et ce fut là le triste début de ses mésaventures… Pour échapper à son malheureux sort, Poucette dut s'enfuir à toutes jambes et dévaler le cours du ruisseau sur une feuille qui l'emporta loin, très loin… puis elle s'envola sur la feuille dans le ciel.

Le vol s'acheva enfin dans une forêt où Poucette vécut seule durant tout l'été.

Elle se tressa un lit de brins d'herbe, récolta le pollen des fleurs pour s'en nourrir, et but la rosée du matin sur les fleurs.

Ainsi passèrent les jours, puis vinrent l'automne et le long, long hiver. Poucette eut terriblement froid, car ses vêtements étaient déchirés, et elle-même était si petite et si frêle…

Une souris eut alors pitié d'elle, elle lui donna à manger et accepta de l'héberger.

– Tu peux bien rester chez moi cet hiver, mais il faudra tenir ma chambre tout à fait propre et me conter des histoires, car je les aime beaucoup.

Poucette vécut ainsi chez la souris en lui obéissant. Les mois suivirent les semaines puis, un beau jour :

– Nous aurons bientôt une visite, dit la souris des champs : mon voisin.

Et monsieur taupe vint en effet peu après dans sa pelisse de velours noir. Il était riche et instruit. Poucette dut chanter pour lui, et elle chanta tant et si bien qu'il devint amoureux d'elle en raison de sa belle voix. Il invitait souvent Poucette et la souris à le visiter en

empruntant le long corridor qui rejoignait les deux domiciles.

C'est là qu'un jour Poucette découvrit par hasard un oiseau qui semblait mort de froid. Elle ne dit rien, mais lorsque les deux autres eurent tourné le dos, elle se baissa, écarta les plumes qui recouvraient la tête de l'hirondelle, la baisa sur ses yeux clos, mais fut aussitôt très effrayée, car il y avait comme des battements à l'intérieur. C'était le cœur de l'oiseau. L'oiseau n'était pas mort, il était engourdi, et la chaleur l'avait ranimé.

– Sois remerciée, gentille enfant, lui dit l'hirondelle malade, j'ai été délicieusement réchauffée, bientôt j'aurai repris des forces et, de nouveau, je pourrai voler aux chauds rayons du soleil !

Poucette redoubla d'attention pour elle et, dès que revint le printemps et que le soleil réchauffa la terre, l'hirondelle rétablie dit adieu à Poucette, qui dégagea le trou prévu au faîte de la galerie. Le soleil rayonnait au-dessus d'elles, et l'hirondelle parvint à convaincre Poucette de la suivre, pour fuir l'hiver glacial et le triste mariage avec la taupe.

– Oui, je viens finalement avec toi, dit Poucette qui se mit aussitôt sur le dos de l'oiseau, les pieds sur ses ailes étendues.

Elle attacha fortement sa ceinture à une des plus grosses plumes, et l'hirondelle s'éleva haut dans l'air, au-dessus de la forêt et au-dessus de la mer, au-dessus des grandes montagnes toujours couvertes de neige.

Et elles arrivèrent enfin aux pays chauds.

L'hirondelle déposa alors Poucette sur le large pétale d'une fleur magnifique qui ne pousse que là-bas, mais quelle surprise fut celle de la fillette ! Un petit homme était assis au milieu de la fleur ! Il avait sur la tête une belle couronne d'or et aux épaules de jolies ailes claires, et il n'était pas plus grand que Poucette. C'était l'ange de la fleur.

– Oh, qu'il est beau, chuchota Poucette à l'hirondelle.

Lorsqu'il vit Poucette, le petit homme fut enchanté : c'était la plus belle fille qu'il eût encore jamais vue. Il prit sur sa tête sa couronne d'or et la plaça sur la tête de Poucette, puis il lui demanda comment elle s'appelait et si elle voulait être sa femme : elle serait ainsi la reine de toutes les fleurs !

Oh, c'était là un mari bien différent du fils de la grenouille et de la taupe à la pelisse de velours noir. Elle dit donc oui au charmant prince !

– Tu ne t'appelleras pas Poucette, lui dit l'ange de la fleur, c'est un vilain nom, et tu es si belle. Nous t'appellerons Maïa.

– Adieu, adieu ! dit la petite hirondelle, qui s'envola de nouveau, quittant les pays chauds pour aller très loin, jusqu'au Danemark ; c'est là qu'était son petit nid, au-dessus de la fenêtre où habite l'homme qui sait raconter des histoires.

Elle lui a chanté son : *qvivit, qvivit !* et c'est de là que nous tenons le récit.

Le Stoïque Soldat de plomb

illustré par Vincent Vigla

Il y avait une fois vingt-cinq soldats de plomb, tous frères, tous nés d'une vieille cuiller de plomb : l'arme au bras, la tête droite, leur uniforme rouge et bleu n'était pas mal du tout.

La première parole qu'ils entendirent en ce monde, lorsqu'on souleva le couvercle de la boîte, fut : « Des soldats de plomb ! » Et c'est un petit garçon qui poussa ce cri en tapant des mains. Il les avait reçus en cadeau pour son anniversaire et tout de suite il les aligna sur la table.

Les soldats se ressemblaient exactement, un seul était un peu différent, il n'avait qu'une jambe, ayant été fondu le dernier quand il ne restait plus assez de plomb. Il se tenait cependant sur son unique jambe aussi fermement que les autres et c'est à lui justement qu'arriva cette singulière histoire.

Sur la table où l'enfant les avait alignés, il y avait beaucoup d'autres jouets, tout l'ensemble était bien joli, mais le plus ravissant

en était une petite demoiselle debout dans le portail ouvert d'un château de carton. Elle était également découpée dans du papier, mais portait une large jupe de fine batiste très claire, un étroit ruban bleu autour de ses épaules en guise d'écharpe sur laquelle scintillait une paillette aussi grande que tout son visage. La petite demoiselle se tenait les deux bras levés, car c'était une danseuse, et elle levait une jambe en l'air, si haut, que notre soldat ne la voyait même pas. Il crut que la petite danseuse n'avait qu'une jambe, comme lui-même.

« Voilà une femme pour moi », pensa-t-il, « mais elle est de haute condition, elle habite un château et moi je n'ai qu'une boîte dans laquelle nous sommes vingt-cinq, ce n'est guère un endroit digne d'elle. Cependant, tâchons de lier connaissance. »

Il s'étendit de tout son long derrière une tabatière qui se trouvait sur la table ; de là, il pouvait admirer à son aise l'exquise petite demoiselle qui continuait à se tenir debout sur une jambe sans perdre l'équilibre.

Lorsque la soirée s'avança, tous les autres soldats réintégrèrent leur boîte et les gens de la maison allèrent se coucher. Alors les jouets se mirent à jouer à la visite, à la guerre, au bal. C'était la fête. Les deux seuls à ne pas bouger de leur place étaient le soldat de plomb et la petite danseuse, elle toujours droite sur la pointe des pieds, les deux bras levés ; lui, bien ferme sur sa jambe unique. Pas un instant il ne la quittait des yeux.

L'horloge sonna minuit. Alors, clac ! Le couvercle de la tabatière sauta. Il n'y avait pas le moindre tabac dedans (c'était une attrape), mais seulement un petit diable noir.

« Soldat de plomb », dit le diablotin, « veux-tu bien mettre tes yeux dans ta poche. » Mais le soldat de plomb fit semblant de ne pas entendre.

« Attends voir seulement jusqu'à demain », dit le diablotin.

Le lendemain matin, quand les enfants se levèrent, le soldat fut placé à la fenêtre. Tout à coup – par le fait du petit diable ou par suite d'un courant d'air – la fenêtre s'ouvrit brusquement, le soldat piqua, tête la première, du troisième étage. Quelle équipée ! Il atterrit la jambe en l'air, tête en bas, sur sa casquette, la baïonnette fichée entre les pavés.

La servante et le petit garçon descendirent aussitôt pour le chercher. Ils marchaient presque dessus, mais ne le voyaient pas.

La pluie se mit à tomber de plus en plus fort, une vraie trombe ! Quand elle fut passée, deux gamins des rues arrivèrent.

– Dis donc, dit l'un d'eux, voilà un soldat de plomb, on va lui faire faire un voyage.

D'un journal, ils confectionnèrent un bateau, placèrent le soldat au beau milieu, et le voilà descendant le ruisseau, les deux garçons courant à côté et battant des mains. Le bateau de papier montait et descendait et tournoyait sur lui-même à faire trembler le soldat de plomb, mais il demeurait stoïque, sans broncher, et regardait droit devant lui, l'arme au bras.

Soudain le bateau entra sous une large planche couvrant le ruisseau, il y faisait aussi sombre que s'il avait été dans sa boîte.

« Où cela va-t-il me mener ? » pensa-t-il. « C'est sûrement la faute du diable de la boîte. Hélas ! Si la petite demoiselle était seulement assise à côté de moi dans le bateau, j'accepterais bien qu'il y fît deux fois plus sombre. »

Le courant devenait de plus en plus fort. Déjà, le soldat de plomb apercevait la clarté du jour là où s'arrêtait la planche, mais il entendait aussi un grondement dont même un brave pouvait s'effrayer. Le ruisseau, au bout de la planche, se jetait droit dans un grand canal.

Il en était maintenant si près que rien ne pouvait l'arrêter. L'esquif tournoya deux ou trois fois, s'emplit d'eau jusqu'au bord, il allait sombrer. Le soldat avait de l'eau jusqu'au cou et le bateau s'enfonçait toujours davantage, le papier s'amollissait de plus en plus, l'eau passa bientôt par-dessus la tête du navigateur. Alors, il pensa à la ravissante petite danseuse qu'il ne reverrait plus jamais.

Le papier se déchira, le soldat passa au travers… mais au même instant, un gros poisson l'avala.

Le poisson fut pêché, apporté au marché, vendu, monté à la cuisine où la servante l'ouvrit avec un couteau. Elle saisit entre deux doigts le soldat par le milieu du corps et le porta au salon où tout le monde voulait voir un homme aussi remarquable, qui avait voyagé dans le ventre d'un poisson, mais lui n'était pas fier.

On le posa sur la table… Comme le monde est petit ! il se retrouvait dans le même salon où il avait été auparavant, il revoyait tous ceux qu'il connaissait, même l'exquise petite danseuse.

Soudain, un des petits garçons prit le soldat et le jeta dans le poêle sans aucun motif, sûrement encore sous l'influence du petit diable de la tabatière.

Il regardait la petite demoiselle et elle le regardait, il se sentait fondre, mais stoïque, il restait debout, l'arme au bras. Alors, la porte s'ouvrit, le vent saisit la danseuse et, telle une sylphide, elle s'envola directement dans le poêle près du soldat. Elle s'enflamma… et disparut. Alors, le soldat fondit, se réduisit en un petit tas, et, lorsque la servante, le lendemain, vida les cendres, elle y trouva comme un petit cœur de plomb. De la danseuse, il ne restait rien que la paillette, toute noircie par le feu, noire comme du charbon.

Les Cygnes sauvages

illustré par Quitterie de Castelbajac

Bien loin d'ici habitait un roi qui avait onze fils et une fille, qui s'appelait Élisa.

Le roi devenu veuf se remaria un jour avec une reine méchante qui, dès la semaine suivant les noces, plaça la petite Élisa chez des paysans à la campagne, et dit aux onze pauvres princes :

– Envolez-vous dans le monde comme des oiseaux !

Et c'est ainsi que les onze frères devinrent onze cygnes, magnifiques et sauvages.

Les jours se succédaient pour Élisa, tristes et monotones et, lorsqu'elle eut quinze ans, elle put enfin rentrer chez elle pour

revoir son père. Mais quand la reine vit combien elle était belle, elle en fut si courroucée qu'elle lui voua une haine sans égale.

Elle entreprit alors de la frotter avec du brou de noix qui la rendit brun sale, oignit son visage avec un onguent putride, et emmêla ses cheveux. Aussi, lorsque son père la vit, il fut épouvanté et ne la reconnut pas.

La malheureuse Élisa décida alors de s'enfuir du château. Elle pensait à ses onze frères pour se donner du courage. Elle marcha toute la journée dans la grande forêt et, la nuit tombée, s'étendit sur un lit de mousse. Élisa marcha ainsi des jours et des jours et un soir, lorsque le soleil était sur le point de se coucher, elle vit voler onze cygnes qui portaient des couronnes d'or sur leur tête ; soudain, ils fondirent sur elle en battant de leurs grandes ailes blanches. C'était ses frères !

– Nous volons comme des cygnes sauvages, tant que le soleil est au ciel, dit l'aîné ; quand il est descendu, nous prenons notre forme humaine. Nous habitons de l'autre côté de la mer. Le chemin est long pour s'y rendre, mais nous t'avons retrouvée et nous t'emmenons avec nous !

Ils passèrent toute la nuit à fabriquer un filet avec l'écorce du bouleau et les joncs résistants où Élisa s'étendit. Ils volèrent et volèrent ainsi plusieurs jours.

La pensée de redonner forme humaine à ses frères occupait Élisa sans cesse. Enfin, une nuit, la fée Morgane parut devant elle et lui dit :

– Tu peux sauver tes frères, et voilà comment : va la nuit dans les cimetières, écrase les orties que tu y trouveras et tu auras du lin ; tu en tisseras onze cottes de mailles que tu jetteras sur les onze cygnes sauvages. Ainsi, ils reprendront forme humaine. En revanche, tu ne dois pas prononcer un seul mot avant d'avoir terminé ton ouvrage. Sinon, tes frères mourront.

Élisa fit comme la fée avait dit, empoignant les orties comme un feu ardent qui lui faisait de grandes cloques et brûlait ses mains et ses bras.

Elle passa des jours à son travail tandis que les onze cygnes volaient dans le ciel.

Puis soudain, un matin, le cor de chasse sonna dans les montagnes. C'était le roi qui chassait alentour. Il s'avança vers Élisa

et l'enleva sur son cheval en lui disant :

– Je ne veux que ton bonheur et tu me remercieras un jour de ce que je fais !

Le roi conduisit Élisa au château, lui offrit de somptueux bijoux et les femmes la vêtirent de taffetas et de soieries. Le soir, il fit donner une fête en son honneur puis, la nuit venue, il ouvrit une petite pièce qui ressemblait à l'endroit où il l'avait trouvée. Par terre était un ballot de lin et, sous le plafond, pendait la cotte de mailles achevée.

– Voici l'ouvrage qui t'occupait ! Maintenant, au milieu de tout ce luxe, cela t'amusera de repenser à ce temps révolu.

Lorsqu'Élisa vit cela, elle baisa la main du roi, qui la pressa sur son cœur.

Les jours passèrent et elle aurait bientôt achevé sa tâche : il ne manquait plus qu'une seule cotte de mailles. Elle devait donc retourner une dernière fois au cimetière où elle s'était rendue si souvent la nuit pour y cueillir quelques poignées d'orties.

À minuit sonnantes, Élisa y pénétra en cachette, mais le roi, inquiet du bruit qu'il avait entendu, l'avait suivie et, lorsqu'il vit sa tendre amie cueillir des orties sur les tombes, il fut accablé et la crut prise de magie. Et l'archevêque qui l'accompagnait eut tôt fait de convaincre le roi de la sorcellerie de la jeune fille.

Élisa fut alors menée dans un caveau sombre et humide, mais elle se remit au travail tout le jour. Le soir venu, une aile de cygne s'agita contre les barreaux : c'était le plus jeune des frères qui avait retrouvé sa chère sœur.

Élisa sanglota, mais c'était de joie : son ouvrage était presque achevé et ses frères étaient là.

À l'aube, elle jeta à travers les grilles les onze cottes de mailles sur les cygnes, et le roi et la cour virent surgir onze charmants princes.

– Maintenant que je peux parler, je veux tout raconter, dit-elle, car je suis innocente !

Et elle raconta toute son histoire et le retour au château fut un cortège de noces tel que personne n'en avait encore jamais vu.

L'Heureuse Famille

illustré par Anne Defréville

La plus grande feuille verte de ce pays est sans doute une feuille de bardane. Si on la tient devant soi sur son petit bedon, c'est comme un tablier entier, et si on la met sur sa tête, quand il pleut, ça vaut presque un parapluie, tant c'est grand. Jamais une bardane ne pousse seule. Non : où il en pousse une, il y en a d'autres. Et c'est excellent : une nourriture parfaite pour les escargots, ces fameux grands escargots blancs que les gens chics, autrefois, mangeaient en fricassée. Un vrai régal !

Il y avait en ce temps-là un vieux château où l'on ne mangeait plus jamais d'escargots car tout le monde était mort… Mais les bardanes, elles, étaient bien vivantes et envahissaient tout. C'est là qu'habitaient les deux derniers escargots, d'âge vénérable. Ils ne savaient plus eux-mêmes quand ils étaient nés, mais ils se rappelaient bien qu'à une époque, ils étaient nombreux, qu'ils appartenaient à une famille venue de pays étrangers, et que toute la forêt avait été plantée exprès

pour eux. Ils n'en étaient jamais sortis, mais savaient qu'il existait, il y a bien bien longtemps, un château où l'on cuisinait les escargots avant de les disposer sur un plat d'argent…

Les deux escargots vivaient heureux et, comme ils n'avaient pas d'enfants, ils avaient recueilli un petit escargot ordinaire, qu'ils élevaient comme leur propre enfant. Mais le petit ne grandissait pas, car il était d'une espèce ordinaire, justement.

Un jour, tomba une forte pluie.

– Il vient des gouttes jusqu'ici, dit la mère escargot. Je suis bien contente que nous ayons notre coquille, et le petit aussi ! Nous sommes plus avantagés que toutes les autres créatures ; on voit bien que nous sommes les maîtres du monde !

Et ils continuaient tranquillement cette conversation à l'abri des gouttes en observant leur enfant d'un œil attendri.

– Regarde ! Depuis trois jours, il grimpe le long de cette tige ; ça me fait mal à la tête de le regarder en l'air ! marmonnait le père escargot, bien calé dans sa coquille.

– Il ne faut pas le gronder, dit la mère escargot, il grimpe avec précaution, il nous donnera satisfaction. Et puis, nous n'avons pas d'autres enfants. D'ailleurs, as-tu réfléchi à cela ? Où lui trouverons-nous une épouse ? Ne crois-tu pas qu'au loin, dans la forêt de bardanes, on en trouverait une de notre espèce ?

– Je crois qu'il existe des limaces noires sans coquille, mais c'est bien vulgaire, et plein de prétention. Enfin ! Nous pouvons charger les fourmis de s'occuper de ça, elles courent partout comme si elles avaient à faire et elles auront sûrement une idée.

– Bien sûr, nous connaissons la plus belle de toutes les femmes, répondirent les fourmis, mais je crains que ça n'aille pas, car elle est reine.

– Ça ne fait rien, dirent les vieux. A-t-elle une coquille ?

– Pas une coquille, un château, dirent les fourmis, un délicieux

château de fourmis à cent couloirs.

– Merci, dit la mère escargot, notre fils n'ira pas dans une fourmilière ! Si vous n'avez rien de mieux, nous chargerons les moustiques blancs de s'en occuper, ils volent au loin par soleil ou pluie, ils connaissent la forêt de bardanes au-dedans comme au-dehors.

– Nous avons une femme pour lui, affirmèrent les moustiques. À une centaine de pas d'homme d'ici, se trouve sur un groseillier à maquereau une petite fille escargot à coquille, en âge de se marier.

– Eh bicn, qu'elle vienne le trouver, dirent les vieux.

Il a une forêt de bardanes, elle n'a qu'un groseillier.

Ce qui fut aussitôt fait ! Et la noce eut lieu. Six vers luisants luirent du mieux qu'ils purent, et tout se déroula parfaitement. Les vieux escargots offrirent aux jeunes gens toute la forêt de bardanes, et dirent, comme toujours, que c'est ce qu'il y avait de mieux au monde. Ils leur promirent que si les deux jeunes gens se conduisaient bien et se multipliaient, eux et leurs enfants viendraient un jour au château, où ils seraient cuisinés et disposés sur un plat d'argent.

Et, ce discours une fois prononcé, les deux vieux s'enfoncèrent dans leurs coquilles et n'en sortirent plus. Le jeune couple d'escargots régna sur la forêt, il eut une nombreuse descendance, mais ne fut jamais ni cuit, ni mis sur un plat d'argent. Le couple en conclut que le château devait s'être écroulé, depuis le temps, et que tous les hommes dans le monde étaient morts. Et la pluie tomba alors sur les feuilles de bardane pour leur faire une tambourinade, et le soleil brilla parce qu'il voulait colorer les feuilles de bardane pour eux, et toute la famille fut la plus heureuse des familles.

La Malle volante

illustré par Raphaëlle Michaud

Il était une fois un marchand si riche qu'il pouvait paver toute la rue avec des pièces d'argent, mais il était très très avare. Et puis un jour, clac ! il mourut.

Son fils hérita de tout l'argent, mena grand train et vécut fort joyeusement : il allait au bal masqué chaque nuit, faisait des ricochets dans la mer avec des pièces d'or. L'argent filait si vite qu'un jour, il n'en resta rien.

Mais, heureusement, lui demeurait encore une drôle de malle… Aussitôt qu'on appuyait sur la serrure, elle pouvait voler ! Alors, ni une, ni deux, il appuya et hop ! s'envola ! Il s'envola si haut et si profond dans les nuages, qu'un jour il arriva au pays des Turcs. L'air y était si cristallin et les couleurs si vives qu'à peine arrivé, il s'alla promener et croisa sur son chemin une nourrice.

– Eh ! nourrice turque, qu'est-ce que ce grand château aux fenêtres si hautes ?

– C'est là qu'habite la fille du roi, répondit-elle.

– Merci, dit le fils du marchand.

Et il s'en alla dans la forêt, se mit dans la malle, vola au-dessus des toits, et s'introduisit chez la princesse par la fenêtre.

Étendue sur le canapé, elle dormait. Le fils du marchand lui donna un baiser qui éveilla la belle. Et la peur qu'elle avait disparut quand il lui déclara être le Dieu des Turcs.

Ils s'assirent alors à côté l'un de l'autre et il lui conta des histoires : ses yeux étaient des lacs délicieux ; son front, une montagne de neige splendide... Il demanda sa main et, éperdument éprise, la princesse aussitôt accepta.

– Mais vous devez venir ici samedi, dit-elle, le roi et la reine seront là. Ayez soin d'avoir un joli conte, car mes parents en raffolent.

Et ils se séparèrent, mais la princesse lui donna un sabre, et plusieurs pièces d'or.

Il s'envola, alla s'acheter un habit neuf, puis s'assit dans la forêt pour composer le conte et, le jour dit, se rendit à la Cour.

Le roi, la reine et toute leur suite prenaient le thé chez la princesse.

– Eh bien, voulez-vous nous raconter une histoire ? demanda la reine aimablement.

Alors, il commença...

Il était une fois un paquet d'allumettes qui étaient très fières à cause de leur haute origine : le grand pin dont chacune était une

ALLUMETTES
100

bûchette avait été un grand arbre de la forêt. Les allumettes étaient maintenant sur la tablette entre une lampe et une vieille marmite de fer, et elles racontaient leur jeunesse.

« Mon sort est bien différent, disait la marmite de fer. Depuis que je suis venue au monde, on m'a récurée et fait bouillir bien des fois. »

« Moi, je veux danser, dit la pincette. » Et elle dansait.

La fontaine à thé devait alors chanter, mais elle s'était refroidie et ne pouvait chanter que lorsqu'elle était prête à bouillir…

« Je suis vexé, dit le panier du marché. Est-ce là une façon convenable de passer la soirée ? Ne vaudrait-il pas mieux remettre la maison en ordre ? »

À ce moment, la porte s'ouvrit. C'était la bonne, et ils se tinrent tous coi. Personne ne broncha quand elle prit les allumettes et les alluma. Bon Dieu ! Comme elles crépitaient et flambaient !

« Ne voit-on pas maintenant que nous sommes supérieures à tout ? » songeaient les allumettes. « Quel éclat, quelle lumière, n'est-ce pas ? » Puis pffffffff… elles s'éteignirent.

– C'est un conte charmant, dirent le roi et la reine. Aussi, tu auras notre fille.

La veille des noces, toute la ville fut illuminée. Pains mollets et craquelins étaient jetés à la gribouillette, les gamins des rues criaient « hourra ! » et sifflaient dans leurs doigts ; c'était magnifique !

« Allons, je dois également faire un geste », se dit le fils du marchand, et il acheta des fusées et tous les feux d'artifice imaginables, les mit dans sa malle, s'envola au-dessus de la ville et, du ciel, déclencha tout l'attirail.

Pfuh ! Quelles gerbes, et quels crépitements ! Et des flammèches !

Tous les Turcs sautaient en l'air, leurs pantoufles volaient par-dessus leurs têtes, et quand le fils du marchand se rendit à leur rencontre, ils dirent n'avoir jamais vu de tels météores. On voyait bien que c'était le Dieu des Turcs lui-même qui s'apprêtait à épouser la princesse !

Et comme la noce devait se dérouler le lendemain, il était temps pour le fils du marchand de retourner dans la forêt afin de se préparer à retrouver sa belle. Mais là, patatras et salmigondis, une étincelle avait allumé l'incendie, et la malle était en cendres. Il ne pouvait plus ni voler, ni rejoindre sa fiancée.

La pauvre princesse resta toute la journée à l'attendre et doit l'attendre encore…

Et lui, pardi, il court le monde et raconte des histoires !

La Pièce d'argent

illustré par Sébastien Chebret

Il était une fois une pièce qui rêvait de sortir dans le vaste monde. Les enfants la tenaient serrée dans leurs mains chaudes, et les avares dans des mains froides et moites ; les vieux la tournaient et retournaient sans cesse, tandis que la jeunesse la faisait tout de suite circuler.

La pièce d'argent avait déjà passé toute une année dans le pays où elle avait été frappée, puis elle partit enfin en voyage à l'étranger. Elle était parvenue loin, très loin dans le monde, sans savoir où au juste, et elle entendait dire aux autres pièces qu'elles étaient françaises ou italiennes ; l'une disait qu'on était dans telle ville, l'autre qu'on était dans telle autre.

Un jour, elle s'aperçut que la bourse dans laquelle elle se tenait bien au chaud n'était pas fermée et elle se glissa jusqu'à l'ouverture pour jeter un coup d'œil dehors. Elle n'aurait pas dû le faire, mais elle

était curieuse ! Mal lui en prit : elle tomba de la poche du pantalon et, de là, sur le parquet. Personne ne l'entendit, personne ne la vit.

« C'est amusant de regarder autour de soi dans le monde, se dit la pièce, de connaître d'autres gens, d'autres usages ! »

Mais bientôt, elle fut ramassée et repassa de main en main. Et elle comprit vite qu'il pouvait être dangereux d'être une pièce inconnue dans un pays lointain…

– Qu'est-ce que c'est que cette pièce-là ? disaient les gens. Ce n'est pas la monnaie du pays ! Elle a une drôle de tête ! Elle est fausse, elle ne vaut rien ! Il faut tâcher de nous en débarrasser…

Et la pièce tremblait entre les doigts, chaque fois qu'elle était furtivement passée et donnée pour monnaie du pays.

Un jour, elle échut à une pauvre femme misérable, qui l'eut comme salaire pour sa rude besogne, et qui ne pouvait pas s'en débarrasser : la pièce fut pour elle un vrai malheur.

– Il faut bien que j'arrive à tromper quelqu'un avec ça, dit-elle. Je n'ai pas les moyens de garder une pièce fausse ; le riche boulanger l'aura.

Et la femme se rendit chez le riche boulanger, mais il connaissait trop bien les monnaies en usage et elle n'eut pas de pain en échange. Et la pauvre femme remporta la pièce chez elle, la considérant malgré tout d'un air ému, doux et aimable.

– Non ! Je ne veux tromper personne avec toi, dit-elle. Je vais te percer d'un trou, de sorte que chacun puisse voir que tu es fausse.

Et elle perça un trou, y passa un cordon et la suspendit ensuite au cou d'un petit enfant qui lui sourit. Et si cette petite pièce était en fait un porte-bonheur ?

Mais l'enfant, qui était à vrai dire un peu insouciant, la perdit et, pendant des années, elle circula de main en main, de maison en maison, toujours injuriée, toujours mal vue ; personne ne croyait en elle, et elle ne croyait ni en elle-même, ni en quiconque. Ce fut un temps bien pénible !

Un jour, arriva un voyageur à qui elle fut naturellement passée ; il fut assez naïf pour l'accepter comme monnaie en cours ; mais il voulut ensuite la dépenser, et la pauvre pièce entendit alors, une fois de plus, les cris :

– Elle ne vaut rien ! C'est une fausse !

– Je t'ai reçue comme bonne, dit l'homme, et il la regardait de près.

Alors, il sourit de toute sa figure.

– Mais tu es une des monnaies de notre propre pays, dit-il, où l'on a percé un trou et que l'on dit fausse. C'est très amusant ! Je vais te conserver et t'emmener au pays.

La pièce tressaillit de joie : on la disait authentique et elle allait rentrer chez elle, où tout le monde la reconnaîtrait et saurait qu'elle est bonne ! Elle aurait volontiers tinté de joie, mais tinter n'était pas

dans sa nature, l'acier le fait, mais non l'argent.

Et elle rentra au pays ! Toute sa misère était finie, sa joie commençait. Elle était de bon argent, sa frappe était bonne, et cela ne lui nuisait nullement qu'on l'eût percée d'un trou, comme une pièce fausse ; cela ne fait rien quand on ne l'est pas ! Il faut tenir bon, avec le temps, chacun rentre dans son dû.

L'histoire de la pièce d'argent est terminée mais si, un jour, vous entendez une pièce tinter et qu'elle a un petit trou au milieu, regardez-la bien avant de vous en séparer !

La Reine des Neiges

Conte en 3 parties

illustré par Sandrine Morgan

1

Il était une fois un bien méchant sorcier, qui était tout joyeux parce qu'il avait fabriqué un miroir ensorcelé : en regardant à travers, tout ce qui était beau et bien devenait laid et repoussant, et tout ce qui était mauvais devenait pire encore…

Le sorcier volait avec son miroir de par le monde, et plus il volait haut, plus il ricanait, car il se moquait des anges du ciel. Il volait de plus en plus haut, et un jour il s'approcha si près des anges que le miroir se mit à trembler entre ses mains. Il tremblait tellement fort qu'il se brisa tout d'un coup en milliards de morceaux et même davantage, qui tombèrent sur la terre. Alors le miroir devint encore plus dangereux qu'auparavant. Certains morceaux pas plus grands qu'un grain de sable voltigeaient à travers le monde, et si par malheur quelqu'un les recevait dans l'œil, il ne voyait que ce qu'il y avait de mauvais en chaque chose. Quelques personnes eurent même la malchance qu'un petit éclat leur sautât dans le cœur et, alors, c'était affreux : leur cœur devenait aussi froid et dur qu'un bloc de glace…

Le sorcier était bien content de son vilain tour, car des morceaux de miroir volaient toujours dans l'air et

rendaient les gens malheureux. Mais cette histoire ne s'arrête pas là ! Écoutez plutôt.

Dans une grande ville, il y avait un petit garçon qui s'appelait Kay, et une petite fille qui s'appelait Gerda. Ils n'étaient pas frère et sœur, mais s'aimaient autant que s'ils l'avaient été. Ils habitaient deux maisons voisines, et dans chaque maison, leurs parents avaient planté un rosier magnifique qui poussait devant la fenêtre. Les deux rosiers avaient fini par se rejoindre en poussant l'un vers l'autre, et les deux enfants adoraient cet arc de fleurs qui faisait comme un toit au-dessus de leurs têtes. L'été, ils pouvaient d'un bond venir l'un chez l'autre. L'hiver, ils se réfugiaient bien au chaud et la grand-mère leur racontait des histoires. Leur préférée était celle de la terrible Reine des Neiges qui vit dans les nuages noirs et règne sur les flocons qui tourbillonnent par la fenêtre.

– Elle n'a qu'à venir, disait le petit Kay, je la mettrai sur le poêle brûlant et elle fondra aussitôt !

Un soir d'été, Kay et Gerda regardaient ensemble un album d'images sous leur rosier. L'horloge sonnait cinq heures lorsque Kay dit :

– Aïe, quelque chose m'a piqué au cœur et dans l'œil !

La petite le prit par le cou, il cligna des yeux, non, on ne voyait rien.

– Je crois que c'est parti, dit-il.

Mais ce ne l'était pas du tout ! C'était les éclats du miroir ensorcelé, cet affreux miroir qui faisait que tout ce qui était grand et beau, réfléchi en lui, devenait petit et laid, tandis que le défaut de la moindre chose prenait une importance accrue. Le pauvre Kay avait aussi reçu un éclat juste dans le cœur qui serait bientôt froid comme un bloc de glace. Il ne sentait aucune douleur, mais le mal était fait.

Il enchaîna d'un air mauvais en disant à Gerda :

– Tu es bien laide et bien méchante ! Et ces roses, elles sont affreuses, elles poussent de travers !

Et il commença à arracher les roses sous le regard épouvanté de Gerda.

– Kay, qu'est-ce que tu fais ? cria la petite.

Et lorsqu'il vit son effroi, il arracha encore une rose et rentra vite par sa fenêtre.

Par la suite, ils ne purent plus jouer ensemble comme avant ; Kay avait toujours à redire à tout. Quand elle apportait le livre d'images, il déclarait qu'il était tout juste bon pour les bébés. Bientôt, il commença à imiter tous les gens de sa rue pour se moquer d'eux, et même la gentille grand-mère. Et il taquinait la pauvre petite Gerda, qui l'aimait pourtant de tout son cœur. Ses jeux changèrent complètement, ils devinrent beaucoup plus réfléchis. On se mit à dire :

« Il est intelligent ce garçon-là ! » Mais c'était la poussière du miroir qu'il avait reçue dans l'œil et l'éclat qui s'était fiché dans son cœur qui étaient la cause de sa transformation.

Peu de temps après, Kay profita d'un jour glacial pour faire du traîneau. Les garçons les plus hardis de la ville attachaient souvent leur traîneau à la voiture d'un paysan et se faisaient ainsi traîner un bon bout de chemin :

c'était très amusant. Ce jour-là arriva un grand traîneau peint en blanc dans lequel était assise une personne vêtue d'un épais manteau blanc. Ce traîneau fit deux fois le tour de la place et Kay put y accrocher son petit traîneau. Mais ils allaient de plus en plus vite… Chaque fois que Kay voulait détacher son traîneau, la personne qui conduisait

faisait un signe et Kay ne bougeait plus. Bientôt, ils quittèrent la ville et continuèrent leur course folle. La neige tombait si fort que le petit garçon ne voyait plus rien devant lui, et il essayait de dégager son traineau sans y parvenir. Alors il se mit à crier mais personne ne l'entendit, la neige le fouettait, le traîneau volait, parfois il faisait un bond comme

s'il sautait par-dessus des fossés. Soudain, le grand traîneau fit un écart puis s'arrêta et la personne qui le conduisait se leva. C'était une grande dame, mince et étincelante : la Reine des Neiges ! Elle prit Kay près d'elle dans le grand traîneau et l'enveloppa de son manteau de neige. Il semblait à l'enfant qu'il tombait dans un gouffre glacial.

– As-tu encore froid ? demanda-t-elle en l'embrassant sur le front.

Son baiser était plus glacé que la glace et lui pénétra jusqu'au cœur. Il crut mourir, un instant seulement, après il se sentit bien, il ne remarquait plus le froid. La Reine des Neiges posa encore une fois un baiser sur le front de Kay, alors il sombra dans l'oubli total, il avait oublié Gerda, la grand-mère et tout le monde à la maison, il ne voyait plus que la Reine des Neiges. Elle était si belle qu'il ne pouvait s'imaginer visage plus charmant. Elle lui souriait… Ils s'envolèrent au-dessus des forêts et des lacs. Au-dessous d'eux, le vent sifflait et la neige étincelait.

Le lendemain matin, Kay dormait aux pieds de la Reine des Neiges.

2

Dans le village, personne ne savait où était passé Kay. On versa des larmes, la petite Gerda pleura beaucoup et longtemps. On disait qu'il était mort, qu'il était tombé dans la rivière coulant près de la ville. Les jours de cet hiver-là furent longs et sombres. Enfin vinrent le printemps et le soleil.

– Kay est mort et disparu, disait la petite Gerda.

– Nous ne le croyons pas, répondaient les rayons du soleil.

– Il est mort et disparu, dit-elle aux hirondelles.

– Nous ne le croyons pas, répondaient-elles.

À la fin la petite Gerda ne le croyait pas non plus.

« Je vais aller à la rivière, se dit-elle, et lui demander de me rendre Kay, s'il s'est noyé. »

Et elle alla voir la rivière. Elle lui offrit ses plus jolis souliers rouges pour qu'elle lui rende le petit Kay, mais la rivière n'avait pas pris son ami. Elle interrogea ensuite les fleurs des prés qu'elle connaissait si bien. Les fleurs racontaient toutes leur histoire mais aucune ne savait où était son cher Kay. Alors Gerda continua son chemin, mais elle avait perdu tant de temps à écouter les fleurs que l'automne était déjà arrivé. Autour d'elle tout était froid et hostile, les longues feuilles du saule étaient toutes jaunes et le brouillard s'égouttait d'elles, une feuille après l'autre tombait à terre. Oh ! Que tout était gris et lourd dans le vaste monde !

Un jour qu'elle s'asseyait par terre,

bien fatiguée de sa longue marche, une grande corneille s'arrêta près d'elle et voulut savoir où elle allait. Gerda raconta alors toute sa vie à la corneille et lui demanda si elle n'avait pas vu Kay. La corneille hocha la tête en réfléchissant.

– Mais oui, peut-être… fit la corneille. Je connais quelqu'un qui pourrait bien être Kay, mais il t'a sans doute oubliée pour la princesse.

– La princesse ? s'étonna Gerda.

– Oui, écoute : dans ce royaume habite une princesse d'une grande intelligence. Je sais cela par ma fiancée, qui est apprivoisée et se promène librement dans le château. Lorsque la princesse eut envie de se marier, elle chercha un mari qui serait d'une intelligence égale à la sienne. Or, même si les prétendants ne manquaient pas, tous perdaient la parole lorsqu'ils se retrouvaient devant elle, et aucun ne lui convenait. Un jour pourtant arriva un petit homme dont les yeux brillaient comme les tiens. Ses vêtements étaient pauvres, mais il était décidé et charmant, et il plut tout de suite à la princesse.

– C'était lui, c'était Kay, s'écria Gerda, il était si intelligent…

Oh, conduis-moi au château !

– On ne peut pas y entrer aussi facilement, répondit la corneille, mais je veux bien t'aider. J'en parlerai à ma fiancée apprivoisée, elle saura nous conseiller.

La corneille et Gerda s'en allèrent au château alors que le soir tombait et entrèrent par une petite porte restée ouverte. Dans l'escalier se tenait la corneille apprivoisée, qui les attendait.

Tous les trois traversèrent les sombres couloirs du palais endormi. Les salles se succédaient, plus belles les unes que les autres, c'était très impressionnant… Enfin, ils arrivèrent à la chambre à coucher. Là, il y avait deux lits, celui de la princesse et celui où Gerda devait chercher le petit Kay. Elle s'approcha et aperçut des cheveux bruns…

– C'est Kay ! cria-t-elle tout haut.

À ces mots le garçon s'éveilla, tourna la tête vers elle… mais ce n'était pas Kay. Alors la petite Gerda se mit à pleurer et elle raconta toute son histoire au prince et à la princesse.

– Pauvre petite, s'exclamèrent-ils, très émus.

Ils lui permirent de se reposer et de rester au château.

Mais le lendemain, elle voulait déjà repartir pour chercher Kay. Alors on lui donna de petites bottines et un manchon, et un carrosse d'or pur attelé de quatre chevaux. La corneille de la forêt l'accompagna pendant trois lieues, assise à côté de la petite fille.

– Adieu ! Adieu ! criaient le prince et la princesse.

Gerda pleurait, la corneille pleurait, les premières lieues passèrent ainsi, puis la corneille fit aussi ses adieux et ce fut la plus dure séparation.

Elle s'envola dans un arbre et battit de ses ailes noires aussi longtemps que fut en vue la voiture qui rayonnait comme le soleil lui-même.

Mais en plein cœur de la sombre forêt, la magnificence du carrosse attira l'attention d'une bande de brigands.

– De l'or ! De l'or ! criaient-ils.

S'élançant à la tête des chevaux, ils tuèrent le cocher et les valets et capturèrent Gerda.

– Elle est engraissée au pain d'épice, dit une vieille brigande, elle doit être délicieuse !

Puis, tout d'un coup :

– Aïe ! Ouille !

Elle venait d'être mordue à l'oreille par sa propre fillette qu'elle portait sur son dos.

– Ne lui fais pas de mal ! dit la fille des brigands. Je veux toucher sa robe.

Elle prit Gerda par la taille et lui dit :

– Ils ne te tueront pas tant que je ne serai pas fâchée avec toi. Tu es sûrement une princesse !

– Non, dit la petite Gerda, et elle raconta ce qu'il lui était arrivé.

La petite fille se prit alors d'une grande amitié pour Gerda. Elle l'emmena au château des brigands et lui présenta ses amis animaux, qui se rassemblèrent en rond autour d'elles pour écouter son histoire.

Quand elle eut fini, les pigeons de la forêt dirent :

– Crouou ! Crouou ! Nous avons vu le petit Kay. Il est chez la Reine des Neiges, qui a sa tente d'été en Laponie.

La fille des brigands se tourna vers son grand renne.

– Tu as entendu ? dit-elle. Les pigeons voyageurs disent qu'ils ont vu Kay en Laponie. Sais-tu où est la Laponie ?

– Qui pourrait le savoir mieux que moi ? répondit l'animal dont les yeux étincelèrent. C'est là que je suis né, que j'ai joué et bondi sur les champs enneigés.

– C'est donc toi qui vas emmener Gerda là-bas ! conclut la fille des brigands.

Le renne accepta avec joie.

–Voici les grandes moufles de ma mère, poursuivit la fille des brigands en se tournant vers Gerda. Avec ça, tu n'auras pas froid ! Mais le manchon je le garde, il est trop joli.

La petite Gerda tendit ses mains avec les grandes moufles vers la fille des brigands pour lui dire adieu. Et le renne détala, par-dessus buissons et souches, à travers la grande forêt.

3

Ils arrivèrent en Laponie après avoir galopé nuit et jour. Puis ils s'arrêtèrent près d'une petite maison très misérable. Là vivait une vieille Lapone qui cuisait du poisson sur une lampe à l'huile de morue. Le renne raconta toute l'histoire de Gerda, car la petite fille était si transie de froid qu'elle ne pouvait pas parler.

– Ah, pauvres de vous ! dit la Lapone, il vous faut courir encore dans le Finmarck, car c'est là que se trouve la Reine des Neiges qui garde Kay pour elle seule.

Et elle écrivit quelques mots sur de la morue séchée en disant :

– Vous porterez ce mot à la Finnoise qui vit là-bas, elle vous renseignera mieux que moi.

Pfut ! Pfut ! Dans l'air jaillirent de délicieuses aurores boréales et l'on arriva au Finmarck en un clin d'œil !

Une fois là, on frappa à la cheminée de la Finnoise, car elle n'avait pas de porte.

La Finnoise les accueillit avec hospitalité, puis elle lut ce qui était écrit sur la morue séchée.

– Le petit Kay est en effet chez la Reine des Neiges, dit-elle. Et le malheureux se croit dans le meilleur coin du monde ! C'est à cause de cet éclat de miroir qu'il a reçu dans le cœur et de sa poussière de verre dans l'œil. Il faut qu'il en soit débarrassé, sinon, il ne deviendra jamais un homme libre, et la Reine des Neiges conservera tout pouvoir sur lui.

– Mais ne peux-tu faire prendre à Gerda un breuvage qui lui donnerait un pouvoir magique sur tout cela ? demanda le renne.

– Je ne peux pas lui donner un pouvoir plus grand que celui qu'elle a déjà. Ne vois-tu pas comme il est grand, ne vois-tu pas comme les hommes et les animaux sont forcés de la servir, comment pieds nus elle a réussi à parcourir le monde ? Son pouvoir réside dans son cœur d'enfant innocente et gentille. Écoute plutôt comment tu peux l'aider : à dix lieues d'ici commence le jardin de la Reine des Neiges. Dépose la fillette près du grand buisson avec les baies rouges, ne perds pas ton temps à bavarder, et dépêche-toi de revenir.

Et la Finnoise prit la petite Gerda pour la mettre sur le renne qui partit à toute allure.

– Oh ! Je n'ai pas mes bottines, je n'ai pas mes moufles, cria soudain la petite Gerda, s'en apercevant dans le froid cuisant.

Le renne n'osait pas s'arrêter, il courait, courait et arriva bientôt devant le buisson aux baies rouges. Là il mit Gerda à terre et il se remit à courir aussi vite que possible pour s'en retourner.

Pauvre Gerda, sans chaussures, sans gants, dans le terrible froid du Finmark ! Elle avait si froid que son haleine sortait de sa bouche comme une vraie fumée. La fumée se transforma alors en petits anges lumineux, avec des casques sur la tête, une lance et un bouclier dans les mains. Ils furent de plus en plus nombreux et formèrent bientôt une légion autour d'elle. Ils combattaient les flocons de neige qui menaçaient Gerda et tapotaient ses pieds et ses mains, de sorte qu'elle ne sentit bientôt plus le froid et arriva rapidement au château.

Là, les murs étaient faits de poussière de neige, et les fenêtres et les portes de vents aigres ; il y avait plus de vingt salles, formées par

les tourbillons de neige. Jamais aucun plaisir ici, jamais le moindre jeu où l'on se dispute et bat des mains. Les salons de la Reine des Neiges étaient vides et froids.

Au centre de toutes ces salles était un lac gelé et, au milieu du lac, siégeait la Reine des Neiges.

Le petit Kay était bleu de froid, mais il ne s'en apercevait pas car le baiser de la Reine des Neiges lui avait ôté toute sensation. Et son cœur était un bloc de glace.

Gerda entra dans la grande salle vide et glacée… Alors elle vit Kay, elle le reconnut, elle lui sauta au cou, le tint serré contre elle et elle criait :

– Kay, mon petit Kay, je t'ai donc retrouvé !

Mais lui restait immobile et froid.

Gerda pleura alors de chaudes larmes qui tombèrent sur la poitrine du garçon, parvinrent à son cœur et y firent fondre le bloc de glace. Elles entraînèrent l'éclat de miroir qui s'y était logé.

Kay la regarda à son tour et versa tant de larmes que la poussière de verre coula de ses yeux.

Il reconnut Gerda et fut empli de joie :

– Gerda, petite Gerda ! Où étais-tu depuis si longtemps ? Et où suis-je ? Comme il fait froid ici ! Comme c'est grand et vide !

Ils riaient et pleuraient de joie. Et la Reine des Neiges pouvait bien s'approcher, elle n'avait plus aucun pouvoir à présent !

Les deux enfants marchèrent longtemps pour revenir chez eux. Et, après avoir laissé le renne à la vieille Lapone, ils traversèrent bien des saisons et retrouvèrent enfin leur ville et leur chère maison.

Mais au moment où ils franchirent la porte… ils s'aperçurent qu'ils étaient devenus adultes. Ils avaient oublié comme un rêve pénible la froide et vide splendeur du château de la Reine des Neiges.

Ils étaient assis là, dans l'été bienfaisant, comme de grandes personnes, et tout de même petits enfants par le cœur.

Les Cinq d'une cosse de pois

illustré par Estelle Chandelier

Il était une fois cinq pois dans une cosse. Ils étaient verts, leur cosse était verte, et, naïvement, ils croyaient que le monde entier était vert ! La cosse grandit, les pois grossirent et se tenaient bien en rang… Le soleil luisait dehors et chauffait la cosse ; il y faisait tiède et bon, clair le jour et sombre la nuit, comme il convient, et les pois grandirent et devinrent de plus en plus réfléchis.

– Est-ce que je ne bougerai pas d'ici ? disait l'un d'eux. Je crois bien qu'il y a quelque chose en dehors d'ici, j'en ai bien l'impression !

Des semaines passèrent, les pois jaunirent et la cosse jaunit :

– Le monde entier jaunit ! dirent-ils.

Soudain, ils sentirent une secousse. La cosse fut arrachée par une main vigoureuse pour en rejoindre d'autres au fond d'une poche de veste…

Alors, ils attendirent, patiemment, jusqu'au jour où… crac !

La cosse fut déchirée. Les cinq pois roulèrent dehors au soleil, puis furent recueillis cette fois-ci par une main d'enfant, trop content de pouvoir les essayer dans son petit fusil à pompe.

– Et hop ! Voilà que je m'envole dans le vaste monde ! dit l'un des pois.

Et il disparut…

– Moi, dit le second, je m'envole droit dans le soleil, c'est un vrai pois, et il me plaît bien !

Et le voilà parti !

– Où j'arrive, je dors, dirent les deux autres, mais nous roulerons encore !

Et ils roulèrent, roulèrent, roulèrent sur le parquet avant de terminer leur course dans le fusil, où ils finirent eux aussi par entrer.

– C'est nous qui parviendrons le plus loin !

– Il arrivera ce qui doit arriver, dit le dernier pois.

Il fut alors tiré et propulsé vers la vieille planche sous la fenêtre d'une mansarde, juste dans une fente entourée de mousse et d'humus, et la mousse l'entoura. Il resta là caché, et bien protégé.

– Il arrivera ce qui doit arriver ! conclut-il.

Dans la petite mansarde habitait une pauvre femme, forte et courageuse, qui passait son temps à travailler rudement et à soigner sa fille délicate et chétive. Toute une année elle était restée au lit et semblait ne pouvoir ni vivre ni mourir.

Un matin de bonne heure, au printemps, au moment où la mère s'apprêtait à sortir travailler, le soleil brilla joliment à la petite fenêtre et attira l'attention de la fillette malade.

– Qu'y a-t-il donc de vert qui pousse près du carreau et qui remue au vent ?

La mère alla à la fenêtre et l'entrouvrit.

– Hé, dit-elle, c'est un petit pois qui a poussé avec ses feuilles vertes. Comment est-il venu ici ? Mystère… En tout cas, tu as maintenant tout un petit jardin à regarder !

Le soir même, la fillette déclara :

– Mère, je crois que je vais mieux. Le soleil m'a bien réchauffée aujourd'hui. Je vais sans doute me porter aussi bien que le petit pois, et me lever, et sortir au soleil !

La mère qui n'y croyait pas beaucoup plaça toutefois une baguette auprès du petit germe, afin que la plante ne fût pas cassée par le vent. Puis elle attacha une

ficelle à la poutre et en haut du chambranle de la fenêtre pour que la tige puisse s'enrouler. Tous les jours, on voyait bien qu'elle poussait.

À la mesure des progrès de la plante, la fillette semblait recouvrer peu à peu la santé et regardait avec des yeux rayonnants son petit jardin de pois d'un seul pois. Un jour, elle parvint même à rester debout pour la première fois

plus d'une heure et, la tête penchée, baisa tout doucement les fins pétales de la fleur de pois. Et ce jour-là fut comme un jour de fête.

– Ce petit pois devenu plante est arrivé chez nous comme par miracle et nous a donné espoir et joie, fit alors la mère en souriant tendrement à sa fille.

Mais… et les autres pois, me direz-vous ?

Eh bien… celui qui s'était envolé dans le vaste monde tomba dans la gouttière et arriva dans le jabot d'un pigeon, où il resta comme Jonas dans le ventre de la baleine. Les deux paresseux parvinrent, eux, tout aussi loin et finirent également mangés par des pigeons, ce qui est là une manière de se rendre bien utile ! Quant au quatrième, celui qui voulait monter jusqu'au soleil… eh bien, celui-ci tomba dans le ruisseau, il resta des semaines et des semaines dans l'eau aigre où il gonfla beaucoup.

– Je prends un charmant embonpoint, remarqua-t-il. Je finirai par éclater ! Et je crois bien qu'aucun pois ne peut aller plus loin. Ne suis-je pas le plus remarquable des cinq de la cosse ?

Et le ruisseau l'approuva en gazouillant…

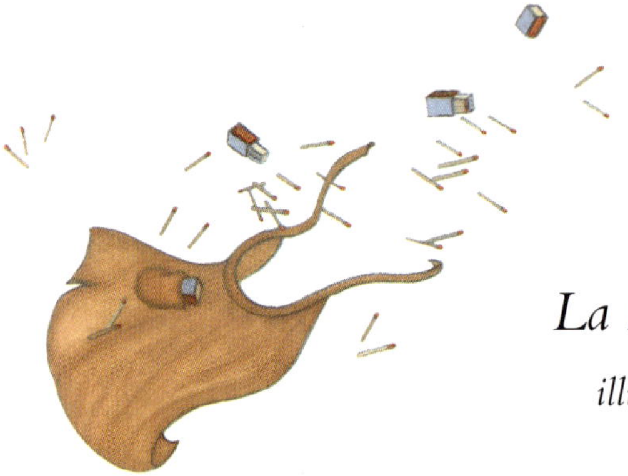

La Petite Fille aux allumettes

illustré par Quitterie de Castelbajac

Il faisait affreusement froid ; il neigeait et il commençait à faire sombre. C'était le dernier soir de l'année, la veille du jour de l'an.

Par ce froid et dans cette obscurité, une petite fille marchait dans la rue ; ses petits pieds nus étaient bleus de froid. Elle serrait dans un vieux tablier quelques allumettes soufrées et en tenait un paquet à la main en marchant. De toute la journée, personne ne lui en avait acheté ; personne ne lui avait donné le moindre sou. Elle avait faim, elle était gelée, elle avait un aspect lamentable, la pauvre petite ! Les flocons de neige tombaient sur ses longs cheveux dorés, qui bouclaient joliment dans son cou, mais elle ne pensait pas à cette parure. À toutes les fenêtres brillaient des lumières et une délicieuse odeur d'oie rôtie se répandait dans la rue car c'était la veille du jour de l'an, et ça, elle y pensait.

Dans un angle entre deux maisons, elle s'assit et se blottit en

repliant ses petites jambes sous elle, mais elle avait encore plus froid. Et elle n'osait pas rentrer chez elle, car elle n'avait pas vendu d'allumettes et pas eu un sou, son père la battrait ; et il faisait froid aussi chez eux, on n'avait que le toit au-dessus et le vent sifflait jusque dedans, malgré la paille et les chiffons qui bouchaient les plus grosses fissures.

Ses petites mains étaient presque mortes de froid. Oh, comme une petite allumette pourrait lui faire du bien ! Si elle osait en tirer rien qu'une du paquet, la frotter contre le mur et se réchauffer les doigts… Elle en tira une, et pfutt ! Comme le feu jaillit, comme elle brûla ! Ce fut une flamme chaude et claire, comme une petite lumière qu'elle entoura de sa main ; c'était une drôle de lumière !

Il semblait à la petite fille qu'elle était assise devant un grand poêle de fer à boules de cuivre et tuyau de cuivre ; le feu brûlait délicieusement, il réchauffait très bien. La petite fille étendait déjà les pieds pour les réchauffer aussi… quand la flamme s'éteignit. Le poêle disparut, la fillette resta avec un petit bout d'allumette brûlée à la main.

Une seconde fut frottée, la petite fille vit l'intérieur d'une salle où la table était mise ; l'oie rôtie fumait, pleine de pruneaux et de pommes, et soudain – ce qui était encore plus magnifique – l'oie sauta du plat, marcha sur le parquet et vint jusqu'à la pauvre fille… Alors, l'allumette s'éteignit, et l'on ne vit plus que l'épais mur gris.

Elle alluma encore une allumette. Elle se trouva alors assise sous un superbe arbre de Noël ; des milliers de lumières brûlaient sur les branches vertes, et des images bariolées, comme celles qui ornent les fenêtres des boutiques, la regardaient. La petite étendit les mains en l'air… et l'allumette s'éteignit ;

les multiples lumières de Noël montèrent de plus en plus haut, elle vit qu'elles étaient devenues les étoiles scintillantes. L'une d'elles fila, et traça une longue raie lumineuse dans le ciel.

– En voilà une qui meurt, dit la petite, car sa vieille grand-mère, la seule personne qui avait été bonne pour elle, mais qui était morte maintenant, lui avait dit : « Quand une étoile tombe, une âme monte vers Dieu. »

Elle frotta encore une allumette contre le mur, et une lueur se répandit, au milieu de laquelle était la vieille grand-mère, nette, brillante, douce et aimable.

– Grand-mère ! cria la petite. Oh, emmène-moi ! Je sais que tu seras partie quand l'allumette sera finie ; partie comme le poêle chaud, la délicieuse oie rôtie et le grand arbre de Noël béni !

Et elle frotta en hâte tout le reste des allumettes qui étaient dans le paquet et elles brillèrent d'un tel éclat qu'il faisait plus clair qu'en plein jour. Jamais grand-mère n'avait été si belle, si grande. Elle enleva la petite fille sur son bras, et elles s'envolèrent superbement et joyeusement, haut, très haut ; et là, pas de froid, ni de faim, ni

d'inquiétude…
elles étaient au ciel.

Et dans le coin de la maison, au froid matin, la petite fille était assise avec des joues roses et le sourire à la bouche…, morte, gelée la dernière nuit de la vieille année près des allumettes soufrées, dont un paquet était presque entièrement brûlé. Elle a voulu se réchauffer, disait-on. Nul ne sut ce qu'elle avait vu de beau, ni avec quelle splendeur elle et sa grand-mère étaient entrées dans la joie du Nouvel An.

Le Crapaud

illustré par Anaïs Rotteleur

Un puits était si profond que le soleil ne parvenait jamais à se mirer dans l'eau, si claire qu'elle fût. C'est là que vivait une famille de crapauds, partageant l'humide habitacle avec les grenouilles vertes, leurs lointaines cousines.

Les jeunes grenouilles vertes trouvaient les vieux crapauds

bien vilains et leurs petits, à vrai dire, tout autant.

– C'est bien possible, rétorquait la mère crapaud, mais l'un d'eux a une pierre précieuse dans la tête, et, allez savoir, je l'ai peut-être aussi !

Et tous la croyaient ! Certains étaient même un peu jaloux… Le plus petit crapaud, seul, se désintéressait de la question. Son unique désir, à lui, était d'atteindre la margelle du puits pour voir ce qui se passait au-dehors.

Un jour que le petit garçon de la ferme tirait l'eau du puits, il fut surpris par le crapaud qu'il avait remonté avec le seau :

– Fi, quelle horreur ! dit le garçon. C'est le plus vilain crapaud que j'ai jamais vu !

Et de son sabot, il donna un coup de pied au crapaud qui vola au milieu de hautes orties.

– C'est beaucoup mieux ici qu'en bas, fit alors le crapaud sans se démonter. On aurait envie de rester ici toute sa vie !

Il resta là une heure, il en resta deux. Il demeura huit jours près d'un fossé où la nourriture ne manquait pas. Le neuvième jour,

il s'était lassé et se dit : « plus loin ! » Et il se remit en route.

Une nuit, il arriva dans un champ près d'une grande mare entourée de joncs, et s'en approcha pour se reposer. Il vit luire les étoiles, il vit briller la nouvelle lune, puis il vit le soleil se lever le matin et monter de plus en plus haut.

Et le lendemain, après cette nuit sous le ciel immense, il se trouva à nouveau sur la grand-route où habitaient les hommes. Il y avait là des jardins et des potagers et même une basse-cour.

– Quelle variété de créatures ! Et comme le monde est grand et merveilleux ! Mais il faut tout observer autour de soi et ne pas rester au même endroit.

Alors, il progressa, vit une ferme et regarda alentour.

Le père cigogne était dans son nid, sur le toit de la maison du paysan ; il jabotait avec la mère cigogne.

– Comme ils demeurent haut ! Se dit le crapaud. Si l'on pouvait arriver tout là-haut !

Puis il observa attentivement la maison du paysan de ses gros yeux de bon crapaud curieux. Dans cette maison habitaient deux étudiants : l'un était poète, il chantait en vers brefs, clairs et somptueux ; l'autre naturaliste, il voulait tout connaître à fond et en rendre raison. Ils étaient braves et gais tous les deux.

– Voilà un bel exemplaire de crapaud, dit le naturaliste, il faut que je le mette dans de l'alcool.

– Tu en as déjà deux autres, dit le poète. Laisse-le s'amuser tranquillement !

– Il est si délicieusement laid, dit l'autre.

– Évidemment, si nous pouvions trouver la pierre précieuse dans sa tête, dit le poète, je prendrais part moi-même à sa dissection.

– La pierre précieuse ! dit l'autre. Tu connais bien l'histoire naturelle !

– Ils ont aussi parlé de la pierre précieuse ! dit le crapaud. Décidément ! Il est heureux que je ne l'aie pas, sans quoi j'aurais eu des ennuis.

Un jacassement se fit alors entendre sur le toit du paysan. Le père cigogne faisait une conférence à sa famille. Et la mère cigogne évoquait le pays d'Égypte et l'eau du Nil.

– Il faut que j'aille en Égypte, se dit le crapaud, car j'en ai tellement envie et je suis si heureux ! Tout le plaisir et le désir que j'éprouve, ça vaut certainement mieux que d'avoir une pierre dans la tête.

Et il ne savait pas qu'il l'avait, justement, la pierre précieuse, et qu'elle représente les éternels désir et plaisir de monter, monter toujours, avec joie et enthousiasme !

C'est à ce moment qu'arriva le père cigogne : il avait vu le crapaud dans l'herbe, il se précipita et saisit le petit animal.

Et couac ! Il le tua !

Mais alors, l'étincelle des yeux du petit crapaud, que devint-elle ?

Le rayon de soleil emporta la pierre précieuse qui était dans sa tête.

Mais où ?

Ne le demandez pas au naturaliste, demandez-le plutôt au poète, il vous le dira sous forme de conte. Songez donc ! La chenille se transforme et devient un charmant papillon. La famille de cigognes vole par-dessus monts et mers pour gagner l'Afrique lointaine, et trouve quand même le chemin le plus court pour rentrer au pays danois, au même endroit, sur le même toit ! C'est presque trop fantastique, et pourtant c'est vrai !

Mais la pierre précieuse ?

Cherchez-la dans le soleil ! Cherchez-la partout ! Cherchez-la toujours !

Le Briquet

illustré par Bruno David

Un soldat qui marchait au pas cadencé sur la route – une, deux ! une, deux ! une, deux ! – croisa une vieille sorcière. Elle avait un nez poilu et une lippe pendante…

Soudain, elle s'avisa de lui dire :

– Bonsoir, soldat ! Sais-tu que tu peux gagner de l'argent en veux-tu en voilà ?

– Ah bon ! Et comment, vieille sorcière ?

– Tu vois ce grand arbre ? Il est creux comme une grotte. Grimpe au sommet, tu verras un trou dans lequel tu pourras te glisser. Je t'attacherai une corde autour de la taille pour te remonter quand tu m'appelleras.

– Et… qu'est-ce que je ferai au fond de l'arbre ? demanda le soldat.

– Tu en rapporteras de l'argent, grimaça la sorcière. Une fois au fond de l'arbre, tu te trouveras dans un grand corridor où brûlent plus de cent lampes, et tu y verras trois portes. Dans la première chambre, il y a une caisse gardée par un chien aux yeux grands comme des tasses à thé, et remplie de pièces de cuivre. Si tu aimes mieux l'argent, entre dans la seconde chambre. Là, le chien a les yeux aussi grands que la roue d'un moulin. Si c'est de l'or que tu préfères, il te suffit d'entrer dans la troisième chambre, dont le chien a des yeux aussi grands que la grosse tour ronde. N'aie pas peur des chiens car ils ne te feront aucun mal si tu fais comme je te dis : prends mon tablier à carreaux bleus, tu l'étendras sur le plancher ; marche alors courageusement sur le chien, saisis-le, dépose-le sur mon tablier, ouvre

la caisse et prends-y autant de cuivre, d'argent et d'or que tu voudras.

– Mais… qu'est-ce que je devrai te donner en échange, vieille sorcière ?

– Rien ! Pas un sou ! Tu me rapporteras seulement le vieux briquet que ma grand-mère y a oublié il y a deux cent vingt-six ans.

Et le soldat grimpa dans l'arbre, se laissa tomber dans le trou et se retrouva, comme l'avait prédit la sorcière, dans un long couloir où brûlaient plusieurs centaines de lampes.

Il ouvrit alors la première porte. Le chien caché derrière

le fixa avec ses yeux grands comme des tasses à thé.

– Là, là, tu es un bon garçon, lui dit le soldat ; il le posa sur le tablier de la sorcière et prit autant de pièces que sa poche pouvait en contenir, puis ferma la caisse, remit le chien en place, et entra dans la deuxième chambre.

La même situation se reproduisit dans la deuxième puis dans la troisième chambre. Il bourra de pièces d'or ses poches, son sac, son képi, ses chaussures… Il remit ensuite le chien sur la caisse, ferma la porte, ramassa le briquet qui se trouvait par terre et cria dans le tronc d'arbre :

– Remonte-moi, vieille sorcière !

– As-tu le briquet ?

– Oui oui ! Mais dis-moi ce que tu veux en faire ! demanda le soldat en sortant.

– Ça ne te regarde pas, dit la sorcière.

– Tatata ! dit le soldat. Tu vas me le dire tout de suite, ou je tire mon sabre et te coupe la tête !

– Non, serpolet-à-gibecière, lui répliqua la sorcière. Non et non !

Ni une, ni deux ! Le soldat lui coupa la tête.

Elle gisait de tout son long lorsqu'il courut vers la ville, ventre à terre, avec le briquet de la sorcière et tout son barda d'or !

Alors il devint un monsieur distingué. Les gens ne lui parlaient que de tout ce qu'il y avait d'élégant dans la ville, de leur roi, et surtout de sa fille, la ravissante princesse.

– Où peut-on la voir ? demandait le soldat.

– On ne peut pas la voir du tout, lui répondait-on. Elle habite un grand château aux toits de cuivre entouré de murailles et de tours. Seul le roi peut entrer chez elle à sa guise car on lui a prédit que sa fille épouserait un simple soldat, et un roi n'aime pas ça du tout.

Les plaisirs de la ville étaient si nombreux et le soldat, si dépensier, qu'il finit par n'avoir plus que deux piécettes en poche, si bien qu'une nuit, il n'eut même plus de quoi s'éclairer.

C'est alors qu'il se souvint du briquet. Le soldat le sortit cérémonieusement, en fit jaillir des étincelles et devant lui apparut comme par magie le chien qui avait des yeux grands comme des tasses à thé !

– Qu'ordonne mon maître ? lui dit le chien.

– Je voudrais tant voir la princesse qui vit dans le château, près de la ville !

Le chien partit aussitôt et revint en portant la princesse sur son dos. Le soldat enchanté en tomba tout de suite amoureux et voulut la revoir chaque soir. Et c'est ainsi que, dans le plus grand secret, le chien obéissant courut plusieurs nuits durant chez le soldat, avec la princesse sur son dos.

Mais un jour, le roi finit par découvrir où sa fille se rendait chaque soir et il jeta immédiatement le soldat en prison.

– Demain, tu seras pendu, lui dit-il.

Alors, le lendemain, derrière ses barreaux de fer, le soldat avisa un cordonnier qui passait.

– Hé, cordonnier, cours à la maison que j'habitais et rapporte-moi mon briquet, tu auras quatre shillings. Fais vite !

L'apprenti cordonnier, qui voulait bien avoir les quatre shillings, partit comme une flèche, trouva le briquet, et le remit au soldat.

Au loin, un grand gibet avait déjà été dressé et, tout autour, se tenaient des soldats et des milliers de gens. Lorsqu'on s'apprêta

à lui passer la corde au cou, le soldat supplia qu'on le laisse fumer une dernière pipe. Le roi, assis majestueusement sur son trône, n'eut pas le cœur à la lui refuser. Le soldat frotta alors son briquet, et : un, deux, trois, tous les chiens furent la !

– Aidez-moi à ne pas être pendu ! leur dit le soldat.

Alors les chiens se précipitèrent sur les juges et sur tous les membres du conseil, saisirent les uns par les jambes, les autres par le nez et les lancèrent en l'air, si bien qu'en retombant ils furent brisés en morceaux.

– Au secours ! cria le roi, mais le plus grand chien le prit, et le lança en l'air à son tour.

Alors, les soldats furent effrayés, et tout le monde s'écria :

– Petit soldat, tu seras notre roi et tu auras la gracieuse princesse !

Et ils installèrent le soldat dans le carrosse du roi. La princesse le rejoignit et devint reine.

Les noces durèrent huit jours, et les chiens se mirent à table et roulèrent des yeux grands comme des citernes.

La Tirelire

illustré par Vincent Vigla

Il y avait une quantité de jouets dans la chambre d'enfants. Tout en haut de l'armoire trônait la tirelire sous la forme d'un cochon en terre cuite ; il avait naturellement une fente dans le dos, et cette fente avait été élargie à l'aide d'un couteau pour pouvoir y glisser aussi de grosses pièces. On en avait déjà glissé deux dedans, en plus de nombreuses autres menues monnaies.

Le cochon était tellement plein que l'argent ne pouvait plus tinter dans son ventre et c'est bien le maximum que peut espérer un cochon-tirelire. Il se tenait tout en haut de l'armoire et regardait les jouets en bas, dans la chambre : il savait bien qu'avec ce qu'il avait dans le ventre il aurait pu les acheter tous et cela lui donnait quelque orgueil.

Les autres le savaient aussi même s'ils n'en parlaient pas. Le tiroir de la commode était entrouvert et une poupée un peu vieille au cou raccommodé regardait dehors.

« Je propose de jouer aux grandes personnes, dit-elle, ce sera une occupation très drôle ! »

Alors, il y eut tout un remue-ménage, les tableaux eux-mêmes se retournèrent contre le mur – ils savaient qu'ils avaient un envers – mais ce n'était pas pour protester.

On était au milieu de la nuit ; la lune, dont les rayons entraient par la fenêtre, offrait un éclairage gratuit. Le jeu allait commencer et tous étaient invités, même la voiture de poupée bien qu'elle appartînt aux jouets dits vulgaires.

« Chacun est utile à sa manière, disait-elle. Tout le monde ne peut pas appartenir à la noblesse, il faut bien qu'il y en ait qui travaillent. »

Seul le cochon-tirelire reçut une invitation écrite. On craignait que, placé si haut, il ne put entendre une invitation orale. Il se jugea trop important pour donner une réponse et ne vint pas. S'il voulait prendre part au jeu, ce serait là-haut, chez lui ; les autres s'arrange-

raient en conséquence. C'est ce qu'ils firent.

Le petit théâtre de marionnettes fut monté de sorte qu'il pût le voir juste de face. Il devait y avoir d'abord une comédie, puis le thé, ensuite les exercices intellectuels. Mais c'est par ceux-ci qu'on commença tout de suite.

Le cheval à bascule parla d'entraînements et de pur-sang, la voiture de poupée de chemins de fer et de traction à vapeur : cela se rapportait toujours à leur spécialité. La pendule parla politique – tic, tac – elle savait quelle heure elle avait sonné, mais les mauvaises langues disaient qu'elle ne marchait pas bien.

La canne se tenait droite, fière de son pied ferré et de son pommeau d'argent ; sur le sofa s'étalaient deux coussins brodés, ravissants mais stupides. La comédie pouvait commencer.

Tous étaient assis et regardaient. On les pria d'applaudir, de claquer ou de gronder suivant qu'ils seraient satisfaits ou non. La cravache déclara qu'elle ne claquait jamais pour les vieux, mais seulement pour les jeunes non encore fiancés.

« Moi, j'éclate pour tout le monde », dit le pétard.

La pièce ne valait rien, mais elle était bien jouée. Les acteurs présentaient toujours au public leur côté peint : ils étaient faits pour être vus de face, pas de dos. Tous jouaient admirablement, tout à fait en avant et même hors du théâtre, car leurs fils étaient trop longs, mais ils n'en étaient que plus remarquables.

La poupée raccommodée était si émue qu'elle se décousit et le cochon-tirelire, bouleversé à sa façon, décida de faire quelque chose pour l'un des acteurs, par exemple : le mettre sur son testament pour qu'il soit couché près de lui dans un monument funéraire quand le moment serait venu.

Tous étaient enchantés, de sorte qu'on renonça au thé et qu'on s'en tint à l'intellectualité. On appelait cela, jouer aux grandes

personnes et c'était sans méchanceté, puisque ce n'était qu'un jeu. Chacun ne pensait qu'à soi-même et aussi à ce que pensait le cochon-tirelire, et lui pensait plus loin que les autres : à son testament et à son enterrement.

Patatras ! Le voilà tombé de l'armoire. Le voilà gisant par terre en mille morceaux ; les pièces dansent et sautent à travers la pièce, les plus petites ronflent, les plus grandes roulent, surtout le *daler* d'argent qui avait tant envie de voir le monde. Il y alla, bien sûr ; toutes les pièces y allèrent, mais les restes du cochon allèrent à la poubelle.

Le lendemain, sur l'armoire, se tenait un nouveau cochon-tirelire en terre vernie. Il ne contenait pas encore la moindre monnaie, et rien ne tintait en lui. En cela, il ressemblait à son prédécesseur. Il n'était qu'un commencement – et, pour nous, ce sera la fin du conte.

La Princesse et le porcher

illustré par Emmanuel Chaunu

Il était une fois un prince pauvre qui vivait dans un tout petit royaume et qui avait le plus grand désir de se marier. Il décida donc de demander la main de la fille de l'empereur voisin.

Il s'y prit de la façon suivante :

Sur la tombe du père du prince poussait un rosier miraculeux. Il ne donnait qu'une unique fleur tous les cinq ans, mais c'était une rose d'un parfum si doux qu'à la respirer on oubliait tous ses chagrins. Le prince avait aussi un rossignol qui chantait comme si toutes les plus belles mélodies du monde étaient enfermées dans son petit gosier. Il envoya à la princesse la rose et le rossignol dans deux grands écrins d'argent.

L'empereur les fit apporter devant lui et lorsque la princesse vit les grandes boîtes, elle applaudit de plaisir.

– Si seulement c'était un petit minet ! dit-elle.

Mais c'est la merveilleuse rose qui parut.

– Comme elle est joliment faite ! s'écrièrent toutes les dames d'honneur.

Cependant, la princesse la toucha du doigt et elle fut sur le point de pleurer.

– Oh ! Papa, cria-t-elle, quelle horreur, elle n'est pas artificielle, c'est une vraie !

– Avant de nous fâcher, regardons ce qu'il y a dans l'autre boîte, opina l'empereur.

Alors, le rossignol apparut et il se mit à chanter si divinement que tout d'abord on ne trouva pas de critique à lui faire.

– Superbe ! Charmant ! s'écrièrent toutes les dames de la cour.

– Au moins, j'espère que ce n'est pas un vrai, dit la princesse.

– Mais si, c'est un véritable oiseau, affirmèrent ceux qui l'avaient apporté.

– Ah ! Alors qu'il s'envole, commanda la princesse.

Et elle ne voulut pour rien au monde recevoir le prince. Mais lui ne se laissa pas décourager. Il se barbouilla le visage de brun et de noir, enfonça sa casquette sur la tête et alla frapper au palais en demandant du travail. Il fut sur-le-champ engagé comme porcher impérial. On lui donna une chambre à côté de la porcherie et c'est là qu'il s'installa pour travailler toute la journée.

Cependant, le soir il avait fini de fabriquer une belle marmite garnie de clochettes. Dès qu'elle se mettait à bouillir, les clochettes tintaient et jouaient une jolie petite mélodie. Mais le plus ingénieux était sans doute que si l'on mettait le doigt dans la vapeur de la marmite, on sentait immédiatement quel plat on faisait cuire dans chaque cheminée de la ville.

Au cours de sa promenade avec ses dames d'honneur, la princesse vint à passer devant la porcherie, et lorsqu'elle entendit la mélodie, elle s'arrêta toute contente car elle aussi savait la jouer.

– C'est l'air que je sais, dit-elle. Entrez et demandez-lui ce que coûte son instrument.

L'une des dames alla donc le lui demander.

– Je veux dix baisers de la princesse ! fut la réponse.

– Grands dieux ! s'écria la dame.

– C'est comme ça et pas moins, insista le porcher.

– Eh bien, qu'est-ce qu'il a dit ? demanda la princesse.

La dame d'honneur le lui murmura à l'oreille.

– Quel insolent ! dit celle-ci, et elle s'en fut immédiatement.

Mais dès qu'elle eut fait un petit bout de chemin, les clochettes se mirent à tinter.

– Écoute, dit la princesse, va lui demander s'il veut dix baisers de mes dames d'honneur.

– Oh ! que non, répondit le porcher. Dix baisers de la princesse ou je garde la marmite.

– Que c'est ennuyeux ! dit la princesse. Alors tenez-vous

toutes autour de moi afin que personne ne puisse me voir.

Les dames d'honneur l'entourèrent en étalant leurs jupes, le garçon eut dix baisers et elle emporta la marmite. Comme on s'amusa alors au château !

Mais le porcher ne laissa pas passer la journée suivante sans travailler. Il confectionna une crécelle. Lorsqu'on la faisait tourner, toutes les valses, les galops et les polkas connus depuis la création du monde résonnaient en grinçant.

– Mais c'est superbe, dit la princesse lorsqu'elle passa devant la porcherie. Allez lui demander ce que coûte cet instrument, mais je n'embrasse plus !

– Il veut cent baisers de la princesse, affirma la dame d'honneur qui était allée s'enquérir.

– Je pense qu'il est fou, dit la princesse avant de s'en aller.

Mais, après avoir fait un petit bout de chemin, elle s'arrêta.

– Il faut encourager les arts, dit-elle. Dites-lui que je lui donnerai cent baisers, mais mettez-vous devant moi.

Toutes les dames l'entourèrent et l'embrassade commença.

– Qu'est-ce que c'est que cet attroupement, là-bas, près de la porcherie ! s'écria l'empereur debout sur sa terrasse. Mais ce sont les dames de la cour qui font des leurs, il faut que j'aille voir.

Lorsqu'il arriva dans la cour, il se mit à marcher tout doucement. Les dames d'honneur, occupées à compter les baisers afin que tout se déroulât correctement, ne remarquèrent pas du tout l'empereur. Il se hissa sur les pointes :

– Qu'est-ce que c'est ! cria-t-il quand il vit ce qui se passait.

Et il leur donna de sa pantoufle un grand coup sur la tête, juste au moment où le porcher recevait le quatre-vingtième baiser.

– Hors d'ici ! cria-t-il furieux.

La princesse et le porcher furent jetés hors de l'empire. Elle pleurait, le porcher grognait et la pluie tombait à torrent.

– Ah ! je suis la plus malheureuse des créatures, gémissait la princesse. Que n'ai-je accepté ce prince si charmant ?

Le porcher se retira derrière un arbre, essuya le noir et le brun de son visage, jeta ses vieux vêtements et s'avança dans ses habits princiers, si charmant que la princesse fit la révérence devant lui.

– Je suis venu pour te faire affront, à toi ! dit le garçon. Tu ne voulais pas d'un prince plein de loyauté. Tu n'appréciais ni la rose ni le rossignol, mais le porcher tu voulais bien l'embrasser pour un jouet mécanique ! Honte à toi !

Il retourna dans son royaume, ferma la porte et tira le verrou. Quant à la princesse, elle pouvait bien rester dehors et chanter la jolie petite mélodie si elle en avait envie.

La Vieille Maison

illustré par Bruno David

Il y avait dans la rue une vieille, vieille maison, debout depuis près de trois cents ans et, juste en face d'elle, des maisons toutes neuves et bien coquettes.

Dans l'une de ces maisons vivait un charmant petit garçon aux fraîches joues roses, aux yeux clairs et vifs, qui trouvait la vieille maison à son goût, tant au soleil qu'au clair de lune.

Et quand, penché à sa fenêtre,

il regardait le mur d'où la chaux s'était détachée, il pouvait s'imaginer l'aspect de la rue autrefois, avec ses escaliers, ses cabinets saillants et ses pignons pointus ; il pouvait voir des soldats avec des hallebardes, et des gouttières courant comme des dragons ou des guivres…

Dans cette vieille, vieille maison, habitait un vieillard. Il vivait là tout seul et, parfois, le petit garçon lui faisait un signe de tête auquel le vieillard répondait.

Un dimanche, le petit garçon, avec l'autorisation de ses parents, rendit visite au vieux monsieur.

À son arrivée les trompettes sculptées dans la porte semblèrent souffler :

– Traterarta ! Voilà le petit garçon ! Traterarta ! Voilà le petit garçon !

Le couloir était plein d'épées et d'armures qui cliquetaient et de robes de soie qui froufroutaient ; les murs parlaient et les vieux fauteuils avaient la goutte dans le dos – aïe !

Le vieux monsieur remercia chaleureusement le petit garçon du cadeau qu'il lui avait apporté : un de ses soldats de plomb bien empaqueté.

Et le vieillard alla chercher dans la pièce voisine du sirop, des pommes et des noix. On était vraiment bien dans la vieille maison. Et il prit en bas des rayons un livre d'images, où il y avait de grands cortèges, des carrosses extraordinaires, tels qu'on n'en voit pas aujourd'hui, des soldats en valets de trèfle et des bourgeois avec des étendards. Ah, ça, c'était un vrai livre d'images !

Le petit garçon rentra chez lui heureux et enchanté ; les jours suivants, on s'adressa force signes de tête et le petit garçon revint régulièrement voir le vieillard.

En vérité, tout allait bien, sauf pour le petit soldat en plomb

qui semblait un peu s'ennuyer !

– Tu as été donné en cadeau, dit le petit garçon ; tu dois rester et bien te tenir. Ne peux-tu comprendre ça ?

Et les journées avec le vieux monsieur furent, comme les précédentes, agréables et douces. Ce fut absolument comme la première fois, car c'était une maison où chaque jour et chaque heure étaient pareils aux autres. Puis la semaine passa, et après elle, beaucoup d'autres.

Les fenêtres furent un jour toutes givrées ; la neige était entrée dans les fioritures et les inscriptions, et montait jusqu'en haut de l'escalier, comme s'il n'y avait personne dans la maison.

Et il n'y avait en effet plus personne. Le vieillard était mort.

Le soir, une voiture s'arrêta, on y déposa son cercueil – on devait l'enterrer à la campagne. La voiture l'emmena, et ne fut suivie par personne, car tous ses amis étaient morts. Et du doigt, le petit garçon envoya un baiser au cercueil, lorsqu'il partit.

Quelques jours après, il y eut une vente aux enchères dans la vieille maison, et le petit garçon vit de sa fenêtre qu'on emportait tout.

Et au printemps, on abattit la maison elle-même, car c'était une horreur, disaient les passants.

On bâtit une maison superbe avec de grandes fenêtres et des murs blancs et droits, et, à l'endroit précisément où se tenait la vieille maison, fut planté un petit jardin.

Tant d'années avaient passé que le petit garçon était devenu un homme ; il venait de se marier et, avec sa tendre femme, il s'installa dans la maison au jardin. Il était auprès d'elle pendant qu'elle plantait une fleur des champs qu'elle trouvait charmante. Elle la plantait de sa petite main et remuait la terre avec ses doigts…

– Aïe ! Qu'est-ce que c'est ?

Elle s'était piquée. Quelque objet pointu était dans la terre meuble, qu'elle n'avait pas vu.

C'était… le croiriez-vous ! C'était le soldat de plomb qui réapparaissait après tant d'années !

– Montre-moi ce qui t'a piquée ! dit le jeune homme, qui sourit et hocha la tête.

Et il raconta à son épouse la vieille maison, et le vieillard, et le soldat de plomb, et il raconta tout si exactement que la vieille maison et le vieillard firent venir des larmes aux yeux de la jeune femme.

– Il est bien possible que ce soit le même soldat de plomb, dit-elle, je veux le garder et me rappeler tout ce que tu m'as raconté. Tant que les êtres vivent dans notre mémoire, ils ne sont pas tout à fait morts. N'est-ce pas, petit soldat de plomb ?

La Bergère et le ramoneur

illustré par Raphaëlle Michaud

Avez-vous jamais vu une armoire de bois vraiment vieille, noircie par l'âge, où sont sculptées toutes sortes de formes, de fioritures et de feuillages ? Celle dont je vous parle en était surchargée avec, en plein milieu, la sculpture d'un homme entier, muni de pattes de bouc, de petites cornes au front, et d'une longue barbe…

Les enfants de la maison l'appelaient toujours le major-général-commandant-en-chef-aux-pieds-de-bouc, ce qui est un nom long à énoncer et dur à porter !

Sur la table, sous le miroir, se tenait une charmante petite bergère en porcelaine, avec ses souliers dorés, sa jolie robe, son chapeau d'or et sa houlette de bergère et, tout près d'elle, un petit ramoneur, noir comme du charbon, en porcelaine lui aussi. Tous deux avaient fini par se fiancer tellement ils se ressemblaient.

Un vieux Chinois, en porcelaine également, se tenait à proximité. Il prétendait être le grand-père de la bergère et avoir autorité sur elle. Il voulait à tout prix la marier avec le major-général-commandant-en-chef-aux-pieds-de-bouc. Mais cette idée emplissait la petite bergère de terreur…

Un soir, elle convainquit le chéri de son cœur, le ramoneur en porcelaine, de s'enfuir et, en un clin d'œil, ils furent debout sur le parquet. Mais leur fuite précipitée avait alerté le Chinois et le major-général-commandant-en-chef-aux-pieds-de-bouc, contraignant les amoureux à se cacher furtivement dans un tiroir au milieu de jeux de cartes. C'était là beaucoup d'émotion pour le cœur de la bergère, car toutes ces cartes semblaient jouer une mauvaise comédie et il fallut fuir encore… Ils se retrouvèrent alors dans une immense potiche, mais les cachettes étaient décidément bien désagréables ! Le mieux, pour vivre libre, n'était-il pas de partir ensemble à la découverte du vaste monde ?

Le ramoneur regarda alors fixement sa bergère, puis lui dit :

– Notre chemin passe par la cheminée ! As-tu vraiment le

courage de grimper avec moi dans le poêle, à travers le foyer et le tuyau ? Nous parviendrons alors à la cheminée, et là, je suis à mon affaire !

Il la conduisit à la porte du poêle en un rien de temps.

– Nous voilà maintenant à l'intérieur du conduit, et regarde, regarde ! Là-haut brille une superbe étoile, disait le ramoneur pour encourager sa belle.

Au terme d'un long moment et de nombreux efforts ils par-

vinrent enfin au faîte de la cheminée, où ils s'assirent, bien fatigués, et il y avait de quoi ! Le ciel, avec toutes ses étoiles, était au-dessus d'eux, et tous les toits de la ville, au-dessous. Ils regardèrent alentour ; la pauvre bergère ne s'était jamais imaginé que c'était ainsi ; elle pencha sa petite tête contre son ramoneur et pleura tant et tant que l'or de sa ceinture se détacha.

– C'est trop ! dit-elle, très émue. Je ne peux pas supporter tout cela ! Le monde est trop grand ! Oh, comme je voudrais être de nouveau sur la petite table devant la glace ! Je ne serai jamais heureuse avant d'y être revenue ! Je t'ai accompagné jusque dans le vaste monde, maintenant tu peux bien me ramener chez nous, si tu m'aimes un peu !

Et comme le petit ramoneur ne parvenait pas à lui faire entendre raison, ni à calmer ses pleurs, ils rampèrent à nouveau le long de la cheminée pour redescendre, puis à travers le tuyau et le foyer, ce qui n'était pas du tout drôle, et ils furent soudain dans le sombre poêle, puis tout près du salon. Là, le silence était total ! Au milieu du parquet gisait le vieux Chinois, tombé de la table lorsqu'il avait voulu les poursuivre, et à présent tout cassé !

– C'est affreux, dit la bergère, le vieux grand-père est réduit en morceaux par notre faute !

Mais bien sûr, il fut raccommodé. La famille le fit recoller dans le dos, il eut une bonne attache dans le cou et il fut de nouveau comme neuf, bien qu'il ne puisse plus jamais hocher la tête.

– Vous êtes devenu bien hautain depuis que vous avez été cassé en morceaux, dit le major-général-commandant-en-chef-aux-pieds-de-bouc. Il n'y a pourtant rien de si terrible, il me semble ! Est-ce que j'aurai la bergère, oui ou non ?

Le ramoneur et la bergère regardèrent avec émotion le vieux Chinois car ils avaient peur de le voir donner son signe d'assentiment.

Mais, comme l'attache qu'il avait dans le cou empêchait le vieux Chinois de hocher la tête, les amoureux de porcelaine restèrent ensemble et s'aimèrent, jusqu'au jour où ils furent cassés à leur tour.

Jacob et Wilhelm Grimm

Blanche Neige

illustré par Sébastien Chebret

Un matin d'hiver, une reine qui cousait assise à sa fenêtre se piqua le doigt avec son aiguille et trois gouttes de sang tombèrent dans la neige.

Et le rouge était si joli à voir sur la neige blanche qu'elle se dit : « Oh, puissé-je avoir une enfant à la peau aussi blanche que la neige, aux lèvres aussi rouges que le sang et aux cheveux aussi noirs que cette mésange dans le ciel ! »

Elle eut un jour une petite fille conforme à ses vœux en tous points, et on lui donna le nom de Blanche Neige. Hélas, peu de temps après que l'enfant fut née, la reine mourut.

Le père de Blanche Neige se remaria avec une femme d'une grande beauté, mais terriblement méchante. Elle possédait un miroir magique à qui elle demandait chaque soir :

– Petit miroir, petit miroir, qui est la plus belle de tout le pays ?

Et chaque soir le miroir répondait :

– Madame la reine, vous êtes la plus belle.

Le temps passa et Blanche Neige embellissait tant et tant qu'elle fut bientôt aussi belle que la lumière du jour.

Et la marâtre se tordit de jalousie lorsque son miroir lui répondit un jour :

– Reine, de vous deux, Blanche Neige est la plus jolie !

Sa haine fut telle qu'elle somma un chasseur d'emmener l'enfant au cœur de la forêt et de la tuer. Mais l'homme eut pitié, ne put accomplir le geste ignoble et laissa s'enfuir la jeune fille.

Blanche Neige erra alors dans la forêt sombre. Le soir tombé, elle parvint dans un charmant logis où, épuisée, elle se laissa tomber dans un des lits.

Quand il fit tout à fait nuit, les maîtres du logis rentrèrent. C'était les sept nains de la montagne ! Et leur joie fut immense quand ils découvrirent la petite endormie.

Le matin venu, elle conta toute son histoire. Les sept nains la

supplièrent de ne laisser entrer personne en leur absence : ils travaillaient tout le jour et Blanche Neige les attendait en leur préparant de délicieux repas. Les journées s'écoulaient ainsi paisiblement.

Mais un soir, la marâtre interrogea son miroir magique qui lui répondit :

– Blanche Neige, au-delà des monts, chez les sept nains, est encore mille fois plus jolie que vous !

La reine comprit alors que le chasseur l'avait trompée.

« Maintenant, pensa-t-elle, je vais inventer moi-même quelque chose qui te fera périr ! »

Là-dessus, elle alla dans une chambre secrète, fabriqua une pomme empoisonnée, puis se farda le visage et se déguisa en paysanne. Et ainsi faite, elle alla frapper à la porte des sept nains. Blanche Neige entrouvrit la fenêtre et dit :

– Je ne dois laisser entrer personne, les sept nains me l'ont défendu !

– Mignonnette, prends au moins une de mes pommes ! dit la vieille paysanne. Regarde, je la coupe en deux, toi, tu mangeras la joue rouge et moi, la joue blanche.

Mais la pomme était faite si habilement que seul le côté rouge était empoisonné. Quand Blanche Neige vit la paysanne en manger, elle ne put résister à son envie. Et à peine eut-elle croqué dans la partie rouge qu'elle tomba morte.

La reine, sa marâtre, fut transportée de joie.

En rentrant chez eux le soir, les sept nains trouvèrent le corps de Blanche Neige sans vie. Ils la pleurèrent trois jours durant. Puis ils la portèrent dans un cercueil de verre sur la montagne et l'un d'entre eux resta toujours près d'elle pour la garder.

Et Blanche Neige demeura longtemps dans le cercueil : elle avait l'air de dormir.

Or il advint un jour qu'un gentilhomme chevauchait à l'entour. Sur la montagne, il vit Blanche Neige allongée dans son cercueil, fut aussitôt épris de la jeune beauté et déclara au nain :

– Laissez-moi ce cercueil car je ne puis vivre sans voir Blanche Neige. Je le vénérerai et le tiendrai en estime comme mon bien le plus cher.

En l'entendant parler ainsi, le bon nain eut pitié de lui et lui confia le cercueil.

Le gentilhomme ordonna alors à ses serviteurs de l'emporter sur leurs épaules. Et il advint en cours de route qu'ils trébuchèrent contre un caillou. Par suite de la secousse, le morceau de pomme dans lequel Blanche Neige avait croqué rejaillit.

Et bientôt, elle ouvrit les yeux, souleva le couvercle de son cercueil et se dressa, ressuscitée.

– Mon Dieu, où suis-je ? s'écria-t-elle.

Bouleversé, le gentilhomme la rassura :

– Ne crains rien. Tu es auprès de moi.

Il lui raconta tout ce qui s'était passé.

– Je t'aime plus que tout au monde. Viens avec moi au château de mon père, tu seras ma femme.

Blanche Neige l'aima aussitôt et le suivit, et leur noce fut préparée en grande pompe et magnificence.

On invita à la fête la méchante marâtre et, quand elle eut revêtu ses plus beaux habits, elle interrogea son miroir. Et le miroir, une fois encore, lui répondit :

– Reine, ô Reine, Blanche Neige, de vous deux, est la plus jolie.

Et tandis qu'elle entrait dans la grande salle du château et reconnaissait la jeune épouse, déjà on avait fait rougir des mules de fer sur des charbons ardents.

On les lui tendit avec des tenailles et il lui fallut mettre ces souliers chauffés à blanc et danser jusqu'à ce que mort s'ensuive !

L'Heureux Jean

illustré par

Estelle Chandelier

Jean, ayant servi son maître pendant sept ans, lui dit :

– Maître, mon temps est fini, payez-moi mes gages, je veux retourner chez ma mère.

Son maître lui répondit :

– Tu m'as servi loyalement.

Et il lui donna un lingot d'or gros comme sa tête.

Jean tira son mouchoir de sa poche, y enveloppa le lingot et se mit en route. Tout en cheminant ainsi, il rencontra un cavalier qui trottait légèrement sur un cheval vigoureux.

– Ah, dit-il, qu'il doit être bon d'aller à cheval !

Le cavalier qui l'entendit s'arrêta et lui dit :

– Si tu veux, nous allons changer : je te donnerai mon cheval, toi, tu me donneras ton bloc.

– Avec joie, dit Jean, mais je vous préviens, il est lourd.

Le cavalier mit pied à terre, prit le lingot et aida Jean à se mettre en selle. Puis, lui ayant mis les rênes entre les mains, il lui dit :

– Si tu veux aller vite, il faut faire claquer la langue et faire hop ! hop !

Jean, au comble du bonheur, fit aussitôt hop ! hop !

Le cheval prit alors le galop et, avant que Jean ait pu se ressaisir, il fut projeté dans le fossé et se releva, fortement contusionné.

– Voilà un divertissement bien dangereux, fit-il au paysan qui passait par là, et je ne monterai plus jamais. Que ne donnerais-je pas pour avoir votre vache !

– Si cela vous fait tant plaisir, dit le paysan, je veux bien vous la donner en échange de votre cheval.

Jean accepta, plein de joie, et le paysan enjamba le cheval et s'en fut à toute allure.

Jean continua son chemin, chassant sa vache devant lui et songeant à la bonne affaire qu'il venait de conclure.

La chaleur devenait plus forte dans la lande à mesure qu'on approchait de midi, et Jean se retrouva dans une fournaise. Il eut tellement chaud que la langue lui collait au palais.

« Il y a remède à cela, pensa-t-il, je vais traire ma vache et me régaler de son lait. »

Il attacha la bête à un tronc d'arbre desséché. Mais, comme il s'y prenait gauchement, la vache impatientée lui envoya un tel coup de sabot sur la tête qu'il roula à terre et demeura longtemps sans connaissance.

Par bonheur, un boucher passa qui portait un petit cochon dans sa brouette.

– Quel vilain tour on vous a joué ! s'écria-t-il, en relevant Jean.

Celui-ci lui conta son aventure et troqua le cochon du boucher contre la vache irascible, en songeant comme tout venait à souhait.

Puis le hasard des chemins le fit ensuite rencontrer un jeune garçon qui avait une oie et Jean troqua alors son cochon contre l'oie.

En traversant le dernier village, Jean vit enfin un rémouleur qui faisait tourner sa meule et chantait.

–Vous devez être heureux pour chanter ainsi en travaillant ? lui dit Jean.

– Eh oui, répondit le rémouleur. C'est un métier d'or. Mais où avez-vous acheté cette belle oie ?

– Je ne l'ai pas achetée, je l'ai échangée contre mon cochon.

– Et le cochon ?

– On me l'avait troqué pour ma vache.

Et Jean fit le récit de tous les échanges que lui avaient fournis ses rencontres successives.

– Vous avez toujours su vous tirer d'affaire, dit le rémouleur. Quand vous arriverez à avoir toujours la bourse pleine, votre bonheur sera complet.

– Que faire pour cela ? demanda Jean.

– Il faut vous faire rémouleur, comme moi. Il n'est besoin pour cela que d'une meule, on trouve facilement le reste. J'en ai justement encore une, un peu ébréchée, il est vrai, mais vous ne m'en donnerez que votre oie, voulez-vous ?

– Quelle question ! dit Jean.

Il lui tendit l'oie et prit possession de la meule. Et Jean s'en alla tout heureux.

« Je dois être né coiffé, se dit-il, tout me réussit, comme si j'étais né un dimanche. »

Cependant, comme il s'était levé à la pointe du jour, il commençait à se sentir fatigué. La faim le tourmentait également, car il avait mangé toutes ses provisions. Comme un escargot, il se traîna jusqu'à une source voisine près de laquelle il pensait se reposer et se rafraîchir. Pour ne pas endommager la pierre, il la posa soigneusement près de lui, sur le bord de l'eau. Puis il s'assit et allait se baisser pour boire. Mais par mégarde, il poussa un peu la pierre, et elle tomba au fond. En la voyant disparaître, il sauta de joie et remercia Dieu à genoux, les larmes aux yeux, de lui avoir fait la grâce de le délivrer heureusement et sans qu'il n'ait rien à se reprocher de cette lourde pierre, qui le gênait.

– Il n'est pas sous le soleil un homme aussi heureux que moi, s'écria-t-il.

Le cœur léger et déchargé de tout fardeau, il s'en fut allégrement jusqu'à la maison de sa mère.

Le Chien et le moineau

illustré par Bruno David

Un chien de berger avait un maître qui le laissait mourir de faim. Ne pouvant demeurer chez lui plus longtemps, il s'enfuit. Sur la route, il rencontra un moineau qui lui dit :

– Frère chien, pourquoi es-tu si triste ?

Le chien répondit :

– J'ai faim et je n'ai rien à manger.

– Cher chien, viens avec moi à la ville, je te rassasierai.

Ils allèrent donc ensemble à la ville, et, quand ils passèrent devant l'étal d'un boucher, le moineau se mit à picoter, à tirer et à déchirer tant et si bien, qu'un morceau dégringola. Le chien le prit, l'emporta dans un coin et le dévora.

– Maintenant nous pouvons sortir un peu de la ville, fit alors le chien.

Voilà donc nos deux compères sur la grand-route. Mais il faisait chaud, aussi, quand ils eurent marché un moment, le chien dit :

– Je suis si fatigué que je voudrais dormir.

– Eh bien, dors, répondit le moineau, pendant ce temps-là je percherai sur une branche.

Le chien s'étendit alors au milieu de la route et s'endormit profondément.

Tandis qu'il dormait arriva un voiturier, conduisant une voiture à trois chevaux chargée de deux tonneaux de vin.

– Voiturier, prends garde ! s'écria le moineau de peur qu'il n'écrase le chien, ou sinon je fais de toi un homme pauvre !

– Toi, faire de moi un homme pauvre ! grommela le voiturier, qui fit claquer le fouet et écrasa le chien.

– Tu as tué mon frère le chien ! s'écria le moineau. Il t'en coûtera tes chevaux et ta voiture.

– Mes chevaux et ma voiture ! répliqua le voiturier, c'est ce que nous verrons ; et il passa outre.

Le moineau se glissa alors sous la bâche, et picota si bien le robinet du tonneau, qu'il finit par s'ouvrir et que tout le vin coula. Quand le voiturier remarqua que la voiture était

humide, il inspecta ses tonneaux, et vit que l'un était vide.

– Ah ! Pauvre homme que je suis ! s'écria-t-il.

– Pas encore assez pauvre ! répondit le moineau en volant sur la tête de l'un des chevaux à qui il arracha les yeux.

Quand le voiturier vit cela, il tira sa hache pour assommer le moineau, mais celui-ci s'envola et le voiturier assomma alors deux chevaux qui tombèrent morts.

– Ah ! Pauvre homme que je suis ! s'écria-t-il.

– Pas encore assez pauvre ! reprit le moineau qui se posa sur la tête du troisième cheval et lui arracha les yeux.

Dans sa colère, le voiturier chercha le moineau, mais ne l'atteignit pas et tua son troisième cheval.

– Ah ! Pauvre homme que je suis ! s'écria-t-il.

– Pas encore assez pauvre ! répondit le moineau. Maintenant c'est chez toi que je vais te rendre pauvre.

Et il s'envola.

Le voiturier, obligé d'abandonner sa voiture, rentra chez lui plein de colère et de dépit.

– Ah ! dit-il à sa femme, quel malheur m'est survenu ! Le vin a fui et les trois chevaux sont morts.

– Ah ! Mon homme, reprit la femme, quel maudit oiseau est arrivé ici ! Il a rassemblé les oiseaux du monde entier qui dévorent tout notre blé.

Il sortit alors dans son champ où des milliers d'oiseaux étaient en train de dévorer le blé, et le moineau était au milieu d'eux.

– Ah ! Pauvre homme que je suis ! s'écria le voiturier.

– Pas encore assez pauvre ! répondit le moineau. Voiturier, il t'en coûtera de plus la vie.

Et il s'envola. Le voiturier, ayant perdu tout son bien, entra dans sa chambre et s'assit derrière le fourneau plein de fureur et de bile. Mais le moineau, posé au-dehors sur la fenêtre, lui criait :

– Voiturier, il t'en coûtera la vie !

Celui-ci saisit alors sa hache et la lança contre le moineau, mais il ne brisa que les vitres de la fenêtre, sans atteindre le moineau.

L'oiseau entra alors en sautillant à travers la fenêtre brisée, se posa sur le fourneau et cria :

– Voiturier, il t'en coûtera la vie !

Pris de fureur aveugle, le voiturier brisa le fourneau, puis, à mesure que le moineau volait d'un endroit à un autre, il brisa miroir, bancs, table, même les murs de la maison, mais sans atteindre le moineau.

Enfin, il l'attrapa à la main.

– Faut-il le tuer ? lui demanda alors sa femme.

– Non ! s'écria-t-il, ce serait trop doux. Il faut qu'il meure plus cruellement que cela, je veux l'avaler.

Il le prit donc et l'avala d'un trait. Mais le moineau se mit à voltiger dans son estomac, en remontant jusque dans sa bouche, d'où, sortant sa tête, il continua de crier :

– Voiturier, il t'en coûtera tout de même la vie !

Le voiturier tendit la hache à sa femme en lui disant :

– Tue cet oiseau qui est dans ma bouche.

La femme frappa, mais de travers, et atteignit la tête du voiturier, qui tomba mort.

Quant au moineau, il prit aussitôt sa volée et se sauva !

Les Douze Frères

illustré par Clémence Pénicaud

Il était une fois un roi et une reine qui vivaient heureux avec leurs douze garçons.

Un jour, le roi dit à son épouse :

– Si notre treizième enfant est une fille, il faudra que les douze garçons meurent, afin qu'elle hérite seule du royaume et que sa richesse soit immense.

Il fit alors fabriquer douze cercueils remplis de copeaux et dans chacun desquels se trouvait un petit coussin mortuaire, puis il les fit porter dans une chambre fermée dont il remit la clef à la reine, et il lui ordonna de n'en rien dire à personne.

Or, la mère restait toute la journée assise à pleurer, si triste qu'un soir, elle confia son chagrin à Benjamin, son plus jeune garçon. Et comme elle sanglotait en lui faisant part de la décision du roi, son fils lui dit pour la consoler :

– Ne pleure pas, chère mère. Nous saurons bien nous en tirer et, au besoin, nous nous enfuirons.

– Eh bien, reprit-elle, que l'un de vous surveille la tour du château. Si j'ai un petit garçon, je déploierai une bannière blanche. Si c'est une fille, je déploierai une bannière rouge, et vous vous enfuirez aussi vite que vous le pourrez.

Onze jours passèrent et Benjamin rapporta un matin à ses frères qu'une bannière rouge venait de se déployer : leur petite sœur était née…

À cette nouvelle, les frères devinrent furieux, et, bien décidés à se venger, ils se promirent de tuer la première fille qu'ils rencontreraient. Pour échapper à leur destin, ils choisirent de rester vivre dans la forêt lointaine et y passèrent ainsi dix ans.

Leur petite sœur avait grandi. Elle avait bon cœur et un joli visage avec une étoile d'or au milieu du front. Un jour, elle découvrit par hasard douze chemises de garçons et se demanda à qui elles appartenaient.

C'est ainsi que la mère lui dévoila toute la vérité.

La jeune fille s'empara alors des douze chemises et, d'un trait, s'en alla tout droit dans la grande forêt.

Elle marcha tout le jour, et finit par arriver à la petite maison où vivaient les garçons. Elle y trouva Benjamin, lui expliqua qu'elle cherchait ses frères, et lui montra les douze chemises. Il comprit alors qu'elle était leur sœur, et lui dit :

– Je suis Benjamin, ton frère cadet.

Ils s'embrassèrent et s'étreignirent avec une grande tendresse, mais bientôt Benjamin lui expliqua qu'elle était en danger.

– Mes frères et moi nous sommes jurés de tuer la première fille que nous rencontrerions, car c'est pour une fille que nous avons dû quitter notre royaume.

Il la cacha donc dans une cuve, et quand ses frères rentrèrent, il leur dit :

– Vous êtes allés dans le bois tandis que je restais à la maison, et cependant j'en sais plus que vous.

– Alors raconte-nous ce que tu sais ! crièrent-ils tous à fois.

– Promettez-moi d'abord que vous ne tuerez pas la première jeune fille que nous rencontrerons, répliqua-t-il.

– Oui, nous le promettons ! Mais raconte-nous ce que tu sais.

– Notre sœur est ici, répondit-il, puis il souleva la cuve et la fille du roi en sortit.

Les frères furent tous enchantés, ils lui sautèrent au cou et l'embrassèrent en l'aimant de tout leur cœur. La fratrie vécut ainsi plusieurs mois, dans la petite maison de la lointaine forêt.

Un jour, la jeune fille voulut cueillir des lys pour les offrir à ses frères mais, au moment où elle eut terminé, les douze frères furent changés en corbeaux qui s'envolèrent par-dessus la forêt.

Alors la pauvre jeune fille se retrouva bien seule et, quand elle regarda autour d'elle, elle aperçut une vieille femme qui lui dit :

– Il n'y a qu'une façon au monde de délivrer tes frères. Il faut que tu restes sept ans muette et, s'il manque une seule heure aux sept années, tes frères seront tués par ta toute première parole.

« Eh bien, je suis sûre de les délivrer », se dit la jeune fille dans son cœur, puis elle avisa un grand hêtre, y grimpa, prit son rouet et se mit aussitôt à filer.

Or, il advint un jour qu'un roi qui chassait alentour l'aperçut. Le roi s'approcha et fut tellement saisi par la beauté de la jeune fille qu'il lui demanda si elle voulait bien devenir son épouse. Mais elle ne répondit pas et se contenta de remuer un peu la tête affirmativement.

Alors il monta lui-même sur l'arbre, l'en descendit et l'emmena au château.

Là, on fit la noce avec joie et magnificence ; mais la fiancée ne parlait ni ne riait.

Un jour, la reine-mère commença à calomnier la jeune reine, et dit à son fils :

– Si ton épouse est muette, elle pourrait cependant bien rire un peu ; celui qui ne rit pas a mauvaise conscience.

Puis la vieille accusa la jeune épouse de tant de mauvaises choses, que le roi finit par se laisser persuader et la condamna à mort.

Au moment où on venait de l'attacher au poteau et que le feu léchait déjà ses habits de ses langues rouges, les sept années venaient précisément d'expirer.

Alors un bruissement se fit entendre dans les airs : douze corbeaux arrivaient à tire-d'aile et s'abattirent, et au moment où ils touchèrent terre… c'étaient ses douze frères qu'elle avait délivrés.

Ils éparpillèrent le feu, éteignirent les flammes, délivrèrent leur chère sœur et l'embrassèrent.

Or, comme désormais il lui était permis de parler, elle raconta au roi pourquoi elle avait été muette et n'avait jamais ri.

Le roi fut enchanté de voir qu'elle était innocente, et ils vécurent heureux tous ensemble jusqu'à leur mort.

La méchante belle-mère fut traduite devant le tribunal, et enfermée dans un tonneau plein d'huile bouillante et de serpents venimeux.

On dit qu'elle y est encore…

Le Pauvre Garçon-meunier et le petit chat

illustré par Estelle Chandelier

Dans un moulin vivait un vieux meunier qui n'avait ni femme ni enfant.

Trois garçons-meuniers étaient à son service et, quand ils eurent été quelques années chez lui, il leur dit :

– Je suis vieux et veux rester derrière le poêle. Partez, et à celui qui me ramènera le meilleur cheval je donnerai le moulin, à la condition que, pour cela, il me soigne jusqu'à ma mort.

Or, le troisième des garçons était un petit domestique que les autres regardaient comme idiot, aussi ne le comptaient-ils pas comme rival. Ils partirent tous trois ensemble mais, quand ils arrivèrent au village, le plus petit, qui s'appelait Hans, fut vite abandonné, une fois la nuit venue.

Et il se mit à errer…

– Hans, où vas-tu ainsi ? lui demanda alors un petit chat bigarré.

– Ah ! Tu ne peux me venir en aide.

– Je sais bien ce que tu désires, répondit le petit chat. Tu voudrais avoir un beau cheval. Viens avec moi. Sois pendant sept ans mon fidèle domestique, et je t'en donnerai un plus beau que tu n'en as vu de ta vie.

« Voilà un chat singulier, se disait Hans. Mais je puis tout de même voir si ce qu'il dit est vrai. »

Le chat l'emmena donc dans un château enchanté, où il n'avait que des petits chats pour le servir et qui faisaient de la musique, le soir au souper.

– Hans, viens danser avec moi, lui dit le chat.

– Non, répondit-il, je ne danse pas avec les chats.

– Alors, menez-le au lit, dit-il aux petits chats.

Aussitôt, l'un éclaira sa chambre à coucher, l'autre lui ôta ses souliers, un autre ses bas et un autre enfin souffla sa lumière. Le lendemain matin ils revinrent, et l'aidèrent à se lever.

Mais il fallut aussi qu'il servît le chat et qu'il fendît tous les jours le bois avec une hache d'argent. Pour couper le foin, c'était avec une faux d'argent et une pierre à aiguiser en or... Quant aux travaux de la maison, il devait utiliser des poutres, une hache de charpentier et une équerre, le tout en argent.

Hans bâtit une petite maison et les sept années qui passèrent semblaient avoir duré six mois. Puis il dit qu'il devait partir mais qu'il n'avait toujours pas de cheval.

Le petit chat ouvrit alors la maisonnette et, quand il eut ouvert la porte, il se trouvait là douze chevaux, si fiers qu'il sentit son cœur bondir de joie. Le petit chat leur donna à manger et à boire et dit à Hans :

– Tu peux t'en aller. Dans trois jours je te ferai conduire ton cheval.

Hans se mit donc en route, et le petit chat lui indiqua le chemin du moulin.

Quand il arriva au logis, les deux autres garçons-meuniers y étaient déjà. Chacun d'eux avait amené son cheval ; mais celui de l'un était aveugle et celui de l'autre paralysé.

– Eh bien ! Hans, où est ton cheval ? lui demandèrent-ils.

– Il arrivera dans trois jours.

Ils se mirent à rire en disant :

– Bah ! Où prendrais-tu un cheval ?

Hans alla dans la chambre, mais le meunier lui défendit de se mettre à table car il était tout guenilleux et déchiré. Le soir, force lui fut de se traîner dans la niche aux oies et de s'y coucher sur de la paille dure.

Le matin du troisième jour arriva une calèche avec six chevaux resplendissants. Un domestique conduisait le septième pour le pauvre garçon-meunier.

De la calèche descendit une magnifique princesse qui se rendit au moulin ; et cette princesse était justement… le petit chat bigarré chez qui le pauvre Hans avait été un fidèle domestique pendant sept ans.

– Où est votre petit domestique ? demanda la princesse au meunier.

– Nous n'avons pu le recevoir au moulin, tant il était déchiré, répondit le meunier, et il est allé se coucher avec les oies.

– Allez le chercher tout de suite, dit la princesse.

Alors un domestique déballa de magnifiques habits, puis il lava Hans et l'habilla, et quand il eut fini, pas un roi n'avait plus belle mine.

Ensuite la jeune fille voulut voir les chevaux des autres garçons, puis elle fit amener le septième par le domestique. Jamais le meunier n'en avait vu de si beau !

– Eh bien ! dit-elle, c'est celui de votre troisième garçon.

– Alors, le moulin lui revient, reprit le meunier.

Mais la princesse lui répondit de tout garder, puis elle fit monter son fidèle Hans dans sa calèche et ainsi ils regagnèrent leur petite maison, devenue depuis lors un château d'or et d'argent.

Et ils se marièrent et furent royalement heureux !

Aussi n'est-il plus permis de dire qu'un idiot ne peut arriver à rien !

Raiponce

illustré par Hanoa Silvy

Il était une fois un mari et son épouse, qui souhaitaient depuis longtemps avoir un enfant. Un jour enfin, la femme caressa l'espoir que le Bon Dieu exaucerait ses vœux.

Ces gens avaient à l'arrière de leur maison une petite fenêtre depuis laquelle ils pouvaient apercevoir un splendide jardin où poussaient les plus belles fleurs et les meilleurs simples ; mais il était entouré d'un haut mur et personne ne s'y risquait car il appartenait à une puissante magicienne que tous craignaient.

Un jour, la femme se tenait devant la fenêtre et regardait dans le jardin. Là, elle vit une plate-bande où poussaient de belles raiponces qui paraissaient si fraîches et vertes qu'elle eut une grande envie d'en manger.

L'envie grandissait chaque jour et comme elle savait qu'elle ne pourrait pas en avoir, elle dépérissait, pâlissait et prenait un air de

plus en plus misérable. Alors le mari prit peur et demanda :

– Que te manque-t-il, ma chère épouse ?

– Hélas, répondit-elle, si je ne peux manger de ces raiponces du jardin derrière notre maison, alors je mourrai.

L'homme qui aimait sa femme pensa :

« Eh, laisseras-tu ton épouse mourir ? Va lui chercher des raiponces quoiqu'il pût t'en coûter. »

Lorsque le crépuscule fut arrivé, il escalada le mur du jardin de la magicienne, cueillit rapidement une pleine poignée de raiponces et les rapporta à son épouse. Elle s'en fit aussitôt une salade et la mangea d'un coup avidement. Elles lui plurent tant que le jour suivant elle en eut encore trois fois plus envie. Pour la calmer, l'homme dut encore une fois escalader le mur du jardin. Il le fit à nouveau au crépuscule. Mais tandis qu'il grimpait au mur il fut brusquement effrayé car il aperçut la magicienne qui se tenait devant lui.

– Comment peux-tu te risquer, dit-elle avec un regard plein de colère, à pénétrer dans mon jardin et me voler mes raiponces comme un brigand ? Tu vas être puni !

– Hélas, répondit-il, faites-moi grâce et justice. Je ne l'ai fait que par nécessité. Mon épouse a vu vos raiponces depuis notre fenêtre et en conçut une telle envie qu'elle en serait morte si elle n'avait pas pu en manger.

La magicienne laissa alors tomber son courroux et lui dit :

– Prends-en autant que tu voudras, j'y mets seulement une condition : tu dois me donner l'enfant que ta femme mettra au monde. Il sera bien traité et je m'en occuperai comme une mère.

L'homme par peur acquiesça à tout, et lorsqu'après quelques semaines sa femme accoucha, la magicienne arriva immédiatement, donna le nom de Raiponce à l'enfant et l'emmena avec elle.

Raiponce devint la plus belle enfant qui soit. Lorsqu'elle eut douze ans, la magicienne l'enferma dans une tour qui se dressait dans une forêt et qui ne possédait ni escalier ni porte ; seule, tout en haut, s'ouvrait une petite fenêtre.

Quand la magicienne voulait entrer, elle se tenait au bas et appelait :

– Raiponce, Raiponce, dénoue et lance vers moi tes cheveux !

Raiponce avait de longs et splendides cheveux fins et filés comme de l'or. Lorsque la voix de la magicienne lui parvenait, elle dénouait ses nattes, les passaient autour d'un crochet de la fenêtre et les laissait tomber vingt pieds plus bas. Ainsi, la magicienne pouvait grimper dans la tour.

Quelques années plus tard, le fils du roi qui chevauchait par ces bois vint à passer près de la tour. Il entendit un chant qui était si doux qu'il s'arrêta et écouta. C'était Raiponce, qui dans sa solitude passait le temps en chantant et faisait résonner sa douce voix. Le fils du roi voulut monter auprès d'elle et chercha une porte : mais il n'en trouva aucune. Il s'en retourna alors chez lui. Mais le chant l'avait tellement ému, que chaque jour il partait pour les bois pour l'écouter. Une fois, alors qu'il se tenait sous un arbre, il vit la magicienne venir et il l'entendit appeler :

– Raiponce, Raiponce, dénoue et lance vers moi tes cheveux !

Alors Raiponce laissa tomber ses tresses et la magicienne grimpa à elle.

« Est-ce l'échelle par laquelle on parvient en haut ? se dit le prince. Alors je veux aussi tenter ma chance. »

Et le jour suivant, tandis que le crépuscule pointait, il s'en alla vers la tour et appela :

– Raiponce, Raiponce, dénoue et lance vers moi tes cheveux !

Aussitôt, la chevelure tomba et le prince escalada la tour.

Au début Raiponce fut horriblement effrayée qu'un homme vint jusqu'à elle alors qu'elle n'en avait jamais vu. Mais le prince commença à lui parler amicalement et lui raconta que son cœur avait été si profondément ému par son chant qu'il ne l'avait plus laissé en paix.

Raiponce se sentit rassurée, et lorsque le prince lui demanda si elle souhaitait l'avoir pour époux, elle vit qu'il était jeune et beau et lui dit « oui ». Elle prononça ces mots :

– Je veux bien venir avec toi mais j'ignore comment descendre. Lorsque tu viendras, apporte un écheveau de soie dont je ferai une échelle et lorsqu'elle sera prête, je descendrai pour que tu m'emportes sur ton cheval.

Ils convinrent qu'il viendrait à elle tous les soirs, car la vieille

venait le jour. La magicienne n'en remarqua rien, jusqu'à ce qu'un jour Raiponce lui dise :

– Dites-moi grand-mère, comment se peut-il que vous soyez plus lourde à soulever que le jeune prince qui en un instant est auprès de moi ?

– Hélas, enfant impie ! s'exclama la magicienne, qu'est-ce que j'entends ? Je pensais t'avoir mise à l'écart du monde et tu m'as trahie !

Dans sa colère elle attrapa la chevelure de Raiponce, et en un clin d'œil coupa les tresses avec une paire de ciseaux. Elle était tellement sans pitié que Raiponce fut exilée dans une contrée désertique où elle dut vivre dans la privation et la peine.

Le jour même où Raiponce fut bannie, la magicienne accrocha les tresses à la fenêtre et lorsque le prince arriva et appela :

– Raiponce, Raiponce, dénoue et lance vers moi tes cheveux !

Elle laissa choir les cheveux. Le prince monta mais au lieu de sa chère Raiponce il trouva la magicienne qui lui jeta un regard méchant et empoisonné.

– Ah, ah ! ricana-t-elle. Tu viens chercher ta bien-aimée, mais le bel oiseau n'est plus au nid et ne chante plus, le chat l'a emporté, comme il va maintenant t'arracher les yeux. Raiponce est perdue pour toi, tu ne la reverras plus jamais !

Le prince sentit la douleur l'envahir, et de désespoir il bondit par la fenêtre. Il survécut mais les épines du bosquet dans lequel il tomba lui crevèrent les yeux. Il erra aveugle dans la forêt, ne mangeant que racines et baies, et il ne fut plus que pleurs et peines de la perte de sa chère promise.

Il se traîna ainsi quelques années misérablement et atteignit finalement la contrée déserte où Raiponce survivait avec les jumeaux qu'elle avait mis au monde, un garçon et une fille. Il entendit une voix, qui lui semblait familière. Il s'approcha et Raiponce le reconnut, elle se pendit à son cou et se mit à pleurer.

Deux de ses larmes tombèrent dans ses yeux et il recouvra ainsi la vue qu'il avait perdue.

Il l'emmena dans son royaume où il fut accueilli avec joie. Ils y vécurent longtemps heureux et sereins.

Le Roitelet et l'ours

illustré par Didier Graffet

L'ours et le loup se promenaient dans le bois un jour d'été. L'ours, entendant un beau chant d'oiseau, demanda :

– Quel est cet oiseau qui chante si bien ?

– C'est le roi des oiseaux, répondit le loup.

C'était le roitelet.

– S'il en est ainsi, reprit l'ours, j'aimerais à voir son palais.

– Ce n'est pas si facile que tu crois, répliqua le loup, il faut attendre que la reine soit rentrée.

Celle-ci arriva sur ces entrefaites, suivie de près par le roi ; tous deux tenaient à leur bec des vermisseaux pour leurs petits. L'ours les aurait volontiers suivis, mais le loup le retint par la manche et dit :

– Il faut attendre que le roi et la reine soient repartis.

Ils remarquèrent seulement l'endroit où se trouvait le nid et s'en allèrent.

Mais l'ours n'avait de cesse qu'il n'eût vu le palais du roi. Il revint au bout de quelques instants. Le roi et la reine venaient de repartir. Il risqua un coup d'œil et vit cinq ou six petits couchés dans le nid.

– Est-ce là le palais du roi ? s'écria-t-il alors, quelle misérable demeure, et pour vous, vous n'êtes pas des fils de roi mais d'ignobles petites créatures.

Ces mots eurent le don d'irriter les petits.

– Non, non ! s'écrièrent-ils à leur tour, nos parents sont nobles ; ours, tu te repentiras de tes injures.

À cette menace l'ours et le loup pris de peur allèrent se terrer dans leur trou.

Cependant, les jeunes roitelets continuèrent leurs cris, et quand leurs parents revinrent leur rapporter de la nourriture ils leur dirent :

– Nous ne toucherons pas à une patte de mouche et ne bougerons pas d'ici, dussions-nous mourir de faim, avant que vous nous ayez vengés des injures de l'ours.

– Soyez tranquilles, répondit le vieux roitelet, l'affaire sera réglée.

Il vola avec la reine jusqu'au trou de l'ours et lui cria :

– Vieux grognard, pourquoi as-tu injurié mes enfants ? Tu vas t'en repentir car nous allons faire une guerre à mort.

Ainsi la guerre était déclarée à l'ours qui appela à son secours

toute la gent quadrupède. Le bœuf, l'âne, le cerf, le chevreau, la vache, enfin tous les animaux à quatre pattes.

Le roitelet de son côté fit appel à tout ce qui vole dans les airs ; non seulement les oiseaux grands et petits, mais encore les insectes ailés : mouches, cousins, abeilles et frelons.

Quand approcha le jour du combat, le roitelet envoya des espions pour savoir quel était le général de l'armée ennemie.

Le cousin, étant le plus fin de tous, vola dans le bois à l'endroit où était rassemblé l'ennemi. Il se cacha sous une feuille d'un arbre auprès duquel on délibérait. L'ours appela le renard et lui dit :

– Compère, tu es le plus roué des animaux ; sois notre général et conduis-nous à la bataille.

– Volontiers, dit le renard, mais de quel signe conviendrons-nous ?

Nul ne pris la parole. Le renard dit alors :

– J'ai une belle queue longue et fournie comme un panache rouge. Tant que je la tiendrai levée en l'air les choses iront bien et vous marcherez de l'avant ; mais ce sera un signal de sauve-qui-peut quand je la laisserai baissée.

Le cousin, qui avait bien entendu, revint rendre compte de tout au roitelet.

Dès le lever du soleil, les quadrupèdes accoururent avec un tel bruit sur le champ de bataille que la terre en trembla. Le roitelet arriva également par la voie des airs avec son armée qui bourdonnait, criait et volait de tous côtés à faire frémir de peur.

L'attaque fut chaude. Le roitelet dépêcha le frelon avec mission de se placer sous la queue du renard et de le piquer de toutes ses forces. Au premier coup, il dut la baisser un instant ; mais au troisième n'y tenant plus, il poussa un grand cri et serra sa queue entre ses jambes.

À ce spectacle, les quadrupèdes crurent que tout était perdu et ils commencèrent à s'enfuir chacun vers son trou. Les oiseaux gagnèrent ainsi la bataille.

Aussitôt le roi et la reine volèrent vers leur nid et leur crièrent :

– Enfants, réjouissez-vous, mangez et buvez à cœur joie, nous avons gagné la bataille.

– Non, dirent les jeunes roitelets. Nous ne mangerons pas avant que l'ours ne soit venu à notre nid nous faire des excuses et qu'il ait reconnu notre noblesse.

Le roitelet vola donc vers le trou de l'ours et lui cria :

– Grognard, tu vas venir devant le nid de mes enfants leur faire des excuses et déclarer que tu reconnais qu'ils sont de haute naissance, sinon gare à tes côtes.

L'ours effrayé s'y rendit en rampant et leur fit les excuses demandées. Alors seulement les jeunes roitelets se déclarèrent satisfaits ; ils mangèrent, burent et banquetèrent toute la soirée.

Le Roi grenouille

illustré par Anaïs Rotteleur

Au temps jadis, vivait un roi dont les filles étaient toutes belles ; mais la plus jeune était si belle que le soleil lui-même ne pouvait s'empêcher de l'admirer chaque fois qu'il éclairait son visage.

Près du château du roi se trouvait une grande forêt sombre, et dans cette forêt une fontaine sous un vieux tilleul.

Dans la journée, la fille du roi s'asseyait au bord de la claire fontaine, puis, quand elle s'ennuyait, elle prenait une boule d'or qu'elle jetait en l'air et rattrapait au vol, et c'était là son amusement favori.

Or, il arriva une fois que la boule d'or ne retombe pas dans sa petite main, mais s'en aille rouler puis disparaître dans la fontaine.

Alors, la princesse se mit à pleurer et, comme elle pleurait ainsi, voici qu'une voix lui cria :

– Mais, fille du roi, qu'as-tu donc ? Tu pleures vraiment de façon à attendrir une pierre.

Elle se retourna et aperçut une grenouille qui tendait sa tête épaisse et hideuse hors de l'eau.

– Ah ! C'est toi, lui dit-elle. Je pleure ma boule d'or qui est tombée dans la fontaine.

– Le mal est réparable ; mais que me donneras-tu si je te rapporte ton jouet ?

– Tout ce que tu voudras, ma chère grenouille, répondit la princesse. Mes habits, mes perles, mes diamants, et même la couronne d'or que je porte.

– Je ne veux rien de tout cela, mais si tu me promets d'être mon amie, alors je vais plonger jusqu'au fond et te rapporter ta boule d'or.

– Oh, oui ! Je te promets, répondit la princesse.

Mais en même temps, elle se disait : « Bah ! Comment cette sotte deviendrait-elle la camarade d'une personne ? »

Aussitôt la promesse reçue, la grenouille plongea jusqu'au

fond, puis, un moment après, elle revint à la nage et jeta la boule d'or dans l'herbe. La fille du roi fut ravie et s'enfuit aussitôt avec, sans écouter les coak, coak, coak que faisait tristement la grenouille.

Le lendemain, comme elle venait de se mettre à table avec le roi et toute la cour, voilà que quelque chose se mit à grimper l'escalier de marbre, en faisant : plitsch ! platsch ! plitsch ! platsch ! Puis :

– Fille du roi ! La plus jeune ! Ouvre-moi !

La fille du roi alla voir qui l'appelait ainsi, puis revint à table d'un air inquiet. Le roi s'aperçut parfaitement que son cœur battait avec violence, et lui dit :

– Mon enfant, de quoi as-tu peur ? Est-ce peut-être un géant qui est à la porte et qui veut t'emporter ?

– Oh ! non ! répondit-elle, ce n'est pas un géant, mais une affreuse grenouille.

– Et que veut-elle de toi ?

Et la princesse raconta tout, la boule d'or égarée et la promesse faite à la grenouille.

– Ce que tu as promis, il faut le tenir, dit le roi. Va lui ouvrir.

Elle alla donc ouvrir la porte ; la grenouille entra en sautillant derrière elle jusqu'au pied de sa chaise, puis lui dit :

– Allons, maintenant, rapproche-moi de toi !

Mais la fille du roi s'y refusait, jusqu'à ce que son père le lui ordonne. Et la jeune fille obéit encore lorsque son père la pria de donner à manger à la grenouille, puis de la conduire dans sa chambre.

La fille du roi se mit alors à pleurer. Elle avait si peur de cette grenouille froide qu'elle n'osait la toucher. Mais le roi se fâcha et reprit :

– Tu n'as pas le droit de mépriser celle qui t'a secourue dans ta détresse. Emporte-la dans ta chambre, et mets-la dans un coin.

Mais quand la grenouille désira ensuite partager sa couche, la princesse devint furieuse ; elle prit la grenouille et la lança de toutes ses forces contre le mur, en s'écriant :

– Tiens ! Et repose-toi maintenant à ton aise !

Quand elle retomba, ce n'était plus une grenouille mais un beau prince qui, conformément au vouloir de son père, devint son camarade et son mari.

Il lui raconta qu'il avait été ensorcelé par une méchante fée, et

que personne n'avait pu le sauver de la fontaine, elle seule exceptée.

Là-dessus, ils s'endormirent, et le lendemain, quand le soleil les réveilla, une voiture tirée par deux chevaux arriva. Henry, le fidèle domestique du jeune prince, la conduisait.

Quand on eut fait un bout de chemin, le prince entendit un craquement.

Il se retourna brusquement en criant :

– Henry, notre voiture se brise, je te le jure !

– Non, Maître, n'ayez pas peur. Ce n'est pas la voiture ;

C'est un cercle de fer qui contenait mon cœur,

Constamment sur le point d'éclater de douleur,

Depuis que cette fée, en proie à tant de haine,

Vous changeait en grenouille au fond de la fontaine.

Deux autres craquements se firent entendre : c'étaient les deux autres cercles de fer qui sautaient, tant Henry était ravi de voir son maître délivré et rendu au bonheur !

Jorinde et Joringel

illustré par Pascale Breysse

Il était une fois un vieux château au milieu d'une grande forêt sombre, dans laquelle habitait une vieille femme toute seule ; c'était une maîtresse sorcière. Le jour, elle se changeait en chat ou en chouette, et le soir, elle reprenait une forme humaine. Dès que quelqu'un approchait du château, à cent pas à la ronde, il était obligé de s'arrêter et ne pouvait plus bouger jusqu'à ce qu'elle le délivrât ; et quand c'était une timide jeune fille qui entrait dans ce cercle, la sorcière la changeait en oiseau, l'enfermait dans une cage et emportait la cage dans une chambre du château. Elle avait bien sept mille cages semblables, avec des oiseaux rares, dans le château !

Or, il y avait une fois une jeune fille qui s'appelait Jorinde. Elle était plus belle que toutes les autres jeunes filles. Elle était fiancée avec un beau jeune homme du nom de Joringel.

Un jour, afin de pouvoir causer plus intimement ensemble,

ils allèrent se promener au bois.

– Prends garde, dit Joringel, de ne pas trop t'approcher du château.

Ils marchèrent ensemble en devisant puis, quand le soleil eut décliné, ils regardèrent autour d'eux : ils s'étaient égarés et ne savaient plus par où rentrer chez eux.

En regardant à travers les branches, Joringel aperçut les vieux murs du château tout près de lui. Il tressaillit, et fut pris d'une mortelle angoisse.

Jorinde chantait :

– Petit oiseau, à bague rouge
Chante douleur ! douleur ! douleur !
Chante la mort de la colombe

Chanteur douleur… Tsikuth ! tsikuth ! tsikuth !

Joringel regarda Jorinde. Celle-ci venait d'être changée en rossignol, et chantait :

– Tsikuth ! tsikuth !

Une chouette, aux yeux ardents, plana trois fois autour d'elle et cria trois fois :

– Hou ! hou ! hou !

Joringel ne pouvait plus bouger ; il restait immobile comme une pierre, sans pleurer, ni parler, ni remuer pieds ni mains.

Le soleil s'était couché. La chouette s'envola dans un buisson, d'où sortit bientôt une vieille femme courbée, jaune et maigre, avec de gros yeux rouges et un nez crochu, dont la pointe descendait jusqu'au menton. Elle grommela, prit le rossignol et l'emporta dans sa main. Joringel ne pouvait rien dire, ni bouger de place. Le rossignol était parti. Enfin revint la vieille qui dit d'une voix étouffée :

– Bonjour, Zachiel ; quand la lune luira dans le panier, délie-le, Zachiel, au bon moment.

Alors Joringel fut délivré. Il tomba à genoux devant la vieille en la priant de lui rendre sa Jorinde, mais elle lui répondit qu'il ne la reverrait plus et s'en alla. Il eut beau crier, pleurer et gémir, tout fut inutile.

– Que vais-je devenir ? soupira Joringel en s'éloignant.

Il finit par arriver dans un village étranger. Là, il fut longtemps berger de moutons. Souvent il allait du côté du château, mais sans en approcher. Enfin il rêva une nuit qu'il trouvait une fleur rouge au cœur de laquelle était une belle grosse perle. Il la cueillait et allait avec au château. Tout ce qu'il touchait avec cette fleur était délivré. Il rêva qu'il avait ainsi reconquis sa Jorinde.

Le matin, quand il se réveilla, il se mit à chercher, par monts et par vaux, une fleur pareille. Il chercha ainsi pendant neuf jours et, un beau matin, il trouva la fleur. Au milieu était une grosse goutte de rosée, aussi grosse que la plus belle perle. Il porta cette fleur jusqu'au château.

Arrivé à cent pas des murs, il ne fut pas arrêté et put parvenir jusqu'à la porte. Joringel était tout joyeux ; il toucha la porte avec la fleur et elle s'ouvrit. Il entra, avança et trouva une salle dans laquelle la sorcière donnait à manger aux oiseaux dans les sept mille cages. En voyant Joringel, elle devint furieuse, se mit à pester et à vomir contre lui son venin et sa bile, mais il lui était impossible de l'approcher

à moins de deux pas. Il ne fit pas attention à la vieille et alla visiter les cages remplies d'oiseaux ; mais comme il y avait là des centaines de rossignols, il ne lui était pas facile de retrouver sa Jorinde.

Pendant qu'il cherchait, il s'aperçut que la vieille s'était emparée d'une cage avec un oiseau et tâchait de gagner la porte. Il s'élança aussitôt sur elle, toucha avec sa fleur la cage et la sorcière qui, du coup, perdit tout son maléfice.

Jorinde sauta alors au cou de son fiancé ! Elle était aussi belle qu'autrefois.

Joringel transforma de même en jeunes filles tous les autres oiseaux, puis il s'en retourna à la maison avec sa Jorinde et ils vécurent longtemps heureux.

Toutes-Fourrures

illustré par Clémence Pénicaud

Il était une fois un roi qui avait une fille belle comme le jour. Après qu'elle eut grandi, il fut frappé de sa ressemblance avec l'épouse bien-aimée qu'il avait perdue, et s'enflamma d'une ardente passion pour elle.

– Je veux épouser ma fille, annonça-t-il à ses conseillers.

Tous s'épouvantèrent à ces paroles et, espérant pouvoir le faire revenir sur sa décision, la princesse elle-même lui dit :

– Avant de me soumettre à votre désir, je veux d'abord avoir trois robes : la première du même or que le soleil, la seconde du même argent que la lune, et la troisième du même brillant que les étoiles ; et je veux par-dessus un manteau qui soit fait de toutes les fourrures et de toutes les peaux des animaux qui vivent dans le royaume.

Le roi ne se laissa pas décourager par cette demande et, lorsque tout fut terminé, il déclara à sa fille :

– Demain se fera la noce.

La princesse décida alors de s'enfuir dans la forêt, après avoir prélevé dans son trésor une bague, un rouet et un dévidoir en or, et en ayant veillé à barbouiller son visage de terre afin qu'on ne la reconnût pas. Elle avait pris soin également d'emporter ses trois robes et son manteau.

Parvenu à une clairière, le roi du pays voisin, qui courait alors le cerf avec ses courtisans leur ordonna soudain :

– Allez donc voir un peu là-bas quel gibier s'est tapi !

Le roi et les chasseurs, qui avaient confondu la jeune fille avec un animal, découvrirent alors leur méprise et se moquèrent de cette moins que rien en l'appelant « Toutes-Fourrures », puis ils la saisirent pour l'expédier à la cuisine du château, où ils la mirent à faire tout le gros travail.

Les journées se succédaient, plus harassantes les unes que les autres, mais vint un jour où il y eut grande fête au château.

Toutes-Fourrures parvint à s'y rendre sans être reconnue, vêtue de la robe qui avait l'éclat du soleil, mais le roi avait eu l'occasion, le temps d'un soupir, de remarquer cette rare beauté.

Et lorsque, de retour aux cuisines, Toutes-Fourrures prépara le souper du roi, elle alla prendre sa bague d'or dans son réduit et la déposa au fond de la soupière où le roi la trouva.

Le roi fit connaître qu'il n'avait jamais rien dégusté de meilleur que cette soupe, et il conserva l'anneau.

Après un certain temps, il y eut une nouvelle fête, et Toutes-Fourrures y parut vêtue de sa robe couleur de lune. Le roi, bouleversé par tant de splendeur, ouvrit le bal avec elle, mais, la danse terminée, elle disparut en un instant pour regagner la cuisine. Profitant de l'absence du cuisinier, elle mit cette fois son petit rouet d'or dans la soupière, où le roi le trouva.

Comme la fois précédente, le cuisinier dut avouer que l'exquis breuvage avait été confectionné par Toutes-Fourrures. Elle fut donc appelée devant le roi et lui répondit qu'elle était tout juste bonne à recevoir à la tête les bottes qu'on lui lançait, et qu'elle ne savait

absolument rien du petit rouet d'or.

Lorsque le roi donna une troisième fête, elle mit cette fois la robe qui avait tout le brillant des étoiles et fut introduite telle une reine dans le grand salon. Le roi dansa de nouveau avec elle et se dit, en la voyant, qu'elle était plus belle que jamais. Tout en dansant, il lui mit au doigt, sans qu'elle s'en aperçût, l'anneau d'or.

À la fin de la danse, le roi voulut la retenir par la main, mais elle se dégagea si brusquement qu'elle parvint à s'enfuir. Le roi eut l'impression qu'elle s'était évanouie dans les airs. Elle courut à perdre haleine jusqu'à la cuisine où elle prépara à nouveau le souper du roi, dans lequel elle mit cette fois son dévidoir d'or, où le roi le trouva.

Il fit alors appeler Toutes-Fourrures. Elle vint, et il vit l'anneau qu'il lui avait secrètement passé pendant la danse. Alors il lui prit la main et la retint avec force ; elle se débattit pour se dégager et, dans son effort, sa pelisse s'entrouvrit, découvrant un éclair brillant de la robe d'étoiles.

Le roi prit son manteau et le lui ôta ; ses beaux cheveux se défirent et elle apparut dans toute sa merveilleuse beauté, qu'il lui était impossible de cacher maintenant, comme il lui était impossible de dissimuler qui elle était. Et lorsqu'elle eut lavé la suie de son visage et la cendre de ses mains, elle fut d'une beauté comme jamais on n'en a pu voir sur la terre.

– Tu es mon amour et ma fiancée, lui dit le roi, et plus jamais, plus jamais nous ne nous séparerons l'un de l'autre !

Les noces furent célébrées et ils vécurent heureux jusqu'à leur mort.

Hansel et Gretel

illustré par Quitterie de Castelbajac

À la lisière d'un grand bois vivait un pauvre bûcheron avec sa femme et ses deux enfants.

Le petit garçon s'appelait Hansel et la petite fille, Gretel.

Un hiver, il y eut une famine si sévère dans le pays que, la nuit venue, le bûcheron dit à sa femme en soupirant :

– Comment allons-nous continuer à nourrir nos enfants, puisque nous n'avons plus rien ?

– Sais-tu une chose, mon homme ? répondit la femme. Demain, au petit matin, nous conduirons les enfants dans les bois et nous les abandonnerons. Ils ne retrouveront plus le chemin pour rentrer et nous en serons débarrassés.

Mais les enfants étaient derrière la porte, et avaient tout entendu…

Au point du jour, la femme vint réveiller son mari et les deux petits, et tous les quatre se mirent en route vers la sombre forêt.

Quand midi arriva, Gretel partagea son pain avec Hansel qui avait émietté le sien tout au long du sentier, afin de retrouver le chemin de leur maison. Les parents avaient disparu, prétextant devoir glaner du bois mort pour faire un feu. Alors les petits s'endormirent l'un contre l'autre et le soir se passa, mais personne ne revint près d'eux. Ils ne se réveillèrent que dans la nuit noire et, quand la lune parut, ils se levèrent, mais ne trouvèrent aucune miette : les oiseaux des bois, affamés eux aussi, les avaient picorées.

Ils marchèrent toute la nuit et le lendemain encore, du matin au soir, sans pouvoir sortir de la sombre forêt, et la faim les prit et ne les lâcha plus. Alors, épuisés, ils se couchèrent sous un arbre et s'endormirent à nouveau.

Ils en étaient déjà à leur troisième matinée de marche quand ils découvrirent une étrange maisonnette construite en pâtisseries : ses murs étaient en pain d'épices, sa porte en nougatine et ses fenêtres en sucre candi.

Alors, les enfants mangèrent et mangèrent tant et plus ; ils se gorgeaient de friandises en riant.

Mais, tout à coup, surgit devant eux une femme vieille comme les pierres… Elle les invita à entrer chez elle où leur offrit l'hospitalité.

Ils pénétrèrent confiants dans la maisonnette, mais c'était un piège, car, dès qu'elle les avait vus, la sorcière s'était dit :

« Le garçon va me faire un fameux festin et la fille sera ma souillon ! »

Quand les enfants comprirent que la sorcière les avait faits prisonniers, il était trop tard. Gretel n'eut à manger les jours suivants que des coquilles d'écrevisses et, tous les matins, la vieille allait dans l'écurie et criait :

– Hansel, tends-moi ton petit doigt, que je sente si tu es bientôt gras à souhait.

Et Hansel tendait alors un os de poulet pour montrer qu'il était bien maigre…

Quatre semaines s'écoulèrent quand, un matin, l'impatience s'empara de la vieille.

– Allons, Gretel, dépêche-toi d'apporter de l'eau, dit-elle à la fillette. Que Hansel soit maigre ou gras, demain je veux le tuer et le cuire.

– Ah ! se lamenta la pauvre petite sœur. Que n'avons-nous été dévorés dans les bois par les bêtes sauvages ! Nous serions du moins morts ensemble !

Le jour même, Gretel fut obligée d'aller pendre le chaudron rempli d'eau et d'allumer le four à pain.

– Grimpe dedans pour voir s'il est assez chaud et si l'on peut y enfourner les miches, ordonna alors la vieille.

Mais Gretel rétorqua qu'elle ne savait comment s'y prendre et, lorsque la vieille s'apprêtait à lui montrer, Gretel lui donna tout à coup une bourrade qui la fit tomber dans le four, puis elle referma la porte de fer et poussa le verrou. Ouf !

La vieille se mit à hurler épouvantablement. Mais Gretel se sauva et la maudite sorcière brûla tout entière !

Aussitôt, Gretel courut délivrer Hansel, prisonnier dans l'écurie. Comme ils sautaient de joie et s'embrassaient !

Puis, n'ayant plus rien à craindre, ils parcoururent toute la maison de la sorcière. Elle était remplie de caisses de perles et de pierres précieuses…

Ils partirent en ayant soin de prendre des victuailles pour la route et du bois pour se chauffer la nuit.

Ils marchèrent trois jours vaillamment et, un matin, la forêt leur devint de plus en plus familière. Enfin, ils aperçurent la maison de leur père.

Alors ils se mirent à courir, se précipitèrent dans la chambre et lui sautèrent au cou.

Celui-ci n'avait pas eu une heure de repos depuis qu'il avait abandonné ses enfants dans la forêt. Sa méchante femme, elle, était morte.

Gretel vida alors son tablier en faisant rouler les perles et les pierres précieuses et Hansel en jetait des poignées, les unes après les autres, qu'il tirait de ses poches.

Alors tous les soucis prirent fin et ils vécurent ensemble tout joyeux.

La Bergère d'oies

illustré par Hanoa Silvy

Il était une fois une vieille reine qui avait fiancé sa charmante jeune fille à un prince établi dans un lointain royaume étranger.

Quand l'heure du mariage eut sonné, elle confia sa fille à une femme de chambre, qui devait remettre la fiancée au futur époux.

Chacune reçut un cheval pour le voyage, mais celui de la jeune fille s'appelait Falada et savait parler.

Quand l'heure de la séparation fut venue, la vieille mère se rendit dans sa chambre à coucher, prit un petit couteau et fit tomber trois gouttes de son sang sur un petit mouchoir blanc.

– Mon enfant chérie, conserve bien cela : tu en auras besoin en route.

Elles prirent tristement congé l'une de l'autre. La fille du roi cacha le chiffon dans son sein, monta à cheval, et partit en quête de son fiancé.

Quand la fiancée et sa servante eurent chevauché pendant une heure, la jeune fille ressentit une soif brûlante et voulut boire de l'eau.

– Si vous avez soif, répondit la femme de chambre, descendez vous-même, et penchez-vous sur l'eau pour boire.

– Ah ! mon Dieu ! soupira-t-elle.

– Si ta mère le savait, répondirent les trois gouttes de sang, son cœur se briserait de douleur.

Mais en se penchant pour boire, la princesse fit tomber le mouchoir dans le ruisseau. Privée de la protection de sa mère, elle fut tout à tour contrainte d'ôter sa robe royale, d'endosser les hardes de la servante, puis d'échanger Falada contre une moindre monture. La servante lui fit également jurer de ne dire mot de toutes ces méchancetés à personne, sous peine de perdre la vie.

Et c'est ainsi qu'elles arrivèrent au château du fiancé.

Le vieux roi, qui regardait alors par la fenêtre, vit une jeune fille debout dans la cour, la trouva gracieuse et belle, et demanda à la servante déguisée en princesse qui elle était.

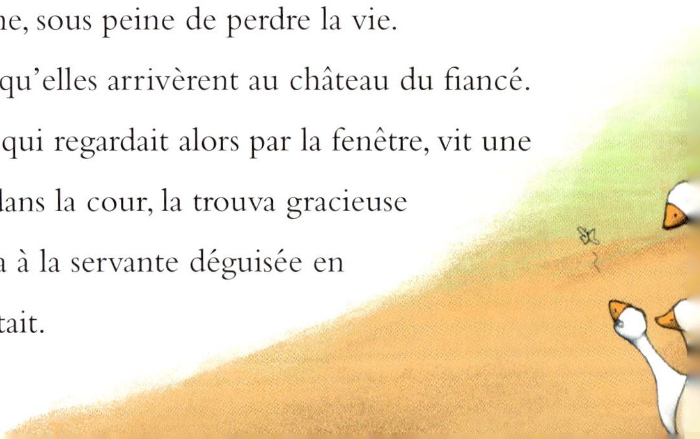

– Je l'ai prise avec moi en chemin, comme compagnie. Donnez de l'ouvrage à cette servante, qu'elle ne reste pas oisive.

– J'ai là un petit garçon qui garde les oies, elle pourrait l'aider.

Et ainsi en fut décidé.

Mais la servante déguisée en princesse craignait d'être trahie

par le cheval Falada : elle finit par convaincre le roi de le tuer et de clouer sa tête à la grande porte de la ville.

Le bourreau s'exécuta et cloua solidement la tête sur la porte sombre.

Le lendemain matin et les jours suivants, la vraie princesse et Conrad, le petit garçon, sortaient par la porte pour aller aux champs. Et celui qui passait par là pouvait entendre la bergère dire :

– Ô Falada ! Où pends-tu là ?

Et la tête répondait :

– Ô jeune reine, où vas-tu là ? Si ta mère, hélas ! le savait, son pauvre cœur éclaterait.

Un soir qu'il n'y tenait plus, Conrad alla près du vieux roi et lui dit :

– Je ne veux plus garder les oies avec cette jeune fille.

Entendant cela, le vieux roi ordonna à Conrad de tout lui raconter.

– Le matin, quand nous passons sous la porte sombre avec le troupeau, dit-il, il y a là une tête de cheval – et qui parle ! – et, ensuite, la jeune fille refuse de me donner un seul de ses cheveux d'or quand elle se coiffe dans la prairie.

Le vieux roi le somma de continuer sa tâche avec elle mais décida alors de les suivre en secret.

Il fut témoin de tout, puis s'en retourna sans être remarqué, et quand, le soir, la bergère d'oies rentra, il lui demanda de lui expliquer le motif de son silence.

– Je ne puis confier ma souffrance à personne, car il en va de ma vie.

Alors le roi lui dit :

– Si tu ne veux rien me dire à moi, raconte ton histoire à ce fourneau de fer.

Alors elle entra en rampant dans le fourneau, où elle commença à pleurer et à dire :

– Je suis la fille d'un roi. Une fausse femme de chambre m'a obligée à ôter ma robe royale et a pris ma place auprès de mon fiancé. Si ma mère le savait, son pauvre cœur éclaterait.

Le roi, qui s'était placé à l'autre bout du tuyau et avait tout entendu, l'exhorta alors à sortir du fourneau, la fit vêtir de ses royaux atours, et ce fut merveille de voir combien elle était belle. Puis il appela son fils et lui révéla toute la vérité.

La vraie servante fut elle-même conviée un peu plus tard, ignorant la récente découverte. Le roi lui exposa adroitement les misères qu'elle avait fait subir à la princesse, sans la nommer, lui demandant ce que mériterait selon elle une aussi traître personne.

– Elle mériterait d'être déshabillée, fourrée dans un tonneau garni de clous pointus, et promenée publiquement !

– Eh bien, dit le prince, cette trompeuse-là, c'est toi, et tu seras donc traitée en conséquence.

Et quand la sentence fut exécutée, le jeune prince devenu roi et son épouse gouvernèrent leur royaume dans la paix et la félicité.

Le Malin Petit Tailleur

illustré par Raphaëlle Michaud

Il était une fois une princesse si orgueilleuse, qu'elle renvoyait ses prétendants sous les quolibets quand ils ne trouvaient pas réponse à ses devinettes. Elle en vint à déclarer publiquement que celui qui devinerait son énigme deviendrait son époux, et que quiconque le souhaitait pouvait se présenter.

Trois tailleurs se mirent sur les rangs : les deux plus âgés pensaient savoir coudre tant de points délicats et subtils qu'ils ne pourraient pas faillir ; le cadet, joyeux petit compère qui ne savait rien faire, comptait, lui, sur sa chance. Sinon, que ferait-on jamais ?

– Reste donc à la maison, lui dirent les deux autres. Avec le peu de science que tu as, il ne faut pas viser trop haut !

Mais le petit tailleur ne se laissa pas convaincre et leur répondit qu'il saurait bien se débrouiller. Et il le dit avec autant d'assurance que si le monde entier eût été à lui !

Ils se firent donc annoncer tous les trois à la princesse, lui indiquant qu'elle n'avait qu'à leur proposer son énigme, et qu'elle trouverait bien à qui parler.

La princesse leur fit alors :

– J'ai sur la tête deux sortes de cheveux. De quelle couleur sont-ils ?

– Pas difficile, dit le premier tailleur, ce sera noir et blanc, tel ce tissu qu'on nomme poivre et sel.

– Mauvaise réponse, dit la princesse. Au second de parler.

– Si ce n'est pas noir et blanc, dit le second, c'est que c'est brun et roux, comme l'habit de fête de monsieur mon père.

– Mauvaise réponse, dit la princesse. Au troisième !

Le petit tailleur s'avança hardiment et dit :

– La princesse porte sur la tête une coiffure d'argent et d'or, et ce sont bien les deux couleurs.

La princesse blêmit en entendant ces mots et, pour un peu, elle serait tombée à la renverse. Mais en retrouvant son cœur, elle dit :

– Tu ne m'as pas encore gagnée ! Il faut encore que tu accomplisses une chose : j'ai un ours en bas, dans l'écurie, et tu dois passer une nuit avec lui dans sa cage. Quand je me lèverai demain, si tu es encore vivant, alors tu m'épouseras.

Avec ça, elle pensait bien s'être débarrassée à tout jamais du petit tailleur !

« Qui ne risque rien n'a rien, se dit alors le petit tailleur, et la fortune sourit aux audacieux ! »

Le soir venu, il fut amené chez l'ours, qui s'apprêtait à lui souhaiter la bienvenue à coups de griffes.

– Tout doux ! Tout doux ! lui dit le petit tailleur. Je vais tout de suite te calmer !

Et tranquillement, le voilà qui tire des amandes de sa poche et en casse quelques-unes entre ses dents. L'ours en eut tout de suite envie lui aussi, et le petit tailleur en tira toute une poignée de sa poche. Mais ce n'étaient pas de vraies amandes, cette fois, c'étaient des cailloux, qui en avaient bien la couleur et la forme, mais que l'ours mordit, serra de toute la force de ses mâchoires – en vain !

Quand le pauvre ours eut fini de s'escrimer pour rien, le petit tailleur sortit un violon et se mit à jouer un air sur lequel l'ours, ravi, se mit à danser aussitôt.

– Ah ! dit l'ours, jouer comme cela, voilà ce que j'aimerais apprendre ! Je pourrais danser aussi souvent que l'envie m'en prendrait ! Veux-tu me montrer ?

– Avec plaisir, si tu as le don, répondit le petit tailleur. Mais fais-moi voir un peu tes pattes… Oh ! Mais ces griffes sont bien trop longues : il faut d'abord que je te les raccourcisse un peu. Avec des ongles pareils, on ne peut pas jouer.

Il réclama un étau, qu'on lui apporta. L'ours plaça ses pattes dedans, et le petit tailleur serra, serra de toutes ses forces avant de lui dire :

– Maintenant, attends que j'aille chercher les ciseaux !

Mais il n'en fit rien et laissa l'ours gronder à son aise, tandis que lui était allé choisir un petit coin pour dormir, confortablement couché sur la paille.

La princesse, quand elle entendit l'ours grogner si terriblement dans la soirée, crut être sûre de son fait. Mais – surprise ! – quand elle jeta un coup d'œil en direction des écuries et vit le petit tailleur se promener, tout gaillard, devant la porte, elle en eut le souffle coupé !

Et… que pouvait-elle contre cela ? Elle avait donné sa parole et s'était engagée officiellement.

Le roi fit donc venir un carrosse et la princesse y monta avec le petit tailleur, pour se rendre à l'église et recevoir la bénédiction nuptiale.

C'est ainsi que notre petit tailleur fut marié à la princesse, avec laquelle il vécut heureux, sans souci et content comme un pinson au printemps.

À qui ne le croit pas, il en coûte un écu !

La Belle au bois dormant

illustré par Estelle Chandelier

Il était une fois un roi et une reine qui rêvaient d'avoir un enfant. Un jour que la reine était au bain, une grenouille lui annonça qu'avant un an, leur vœu serait exaucé et qu'une petite fille leur viendrait.

Ce que la grenouille avait prédit se produisit en effet, et l'enfant était si jolie que le roi ne se tenait plus de joie et voulut donner une grande fête.

Chacune des douze fées conviées offrit un don à l'enfant : de l'une, elle reçut la vertu ; de l'autre, la beauté ; de la troisième, l'intelligence, et ainsi de suite.

La dernière fée avait à peine formulé son vœu, qu'entra brusquement la treizième, venue se venger car on avait oublié de la convier aux réjouissances. Elle siffla alors ces mots au-dessus du berceau :

– Quand elle aura quinze ans, la princesse se piquera avec un fuseau et tombera dans un sommeil qui durera cent années.

Le roi, qui eût bien voulu préserver son enfant chérie du mauvais sort, fit ordonner que tous les fuseaux du royaume soient brûlés.

Le don des douze fées se réalisa pleinement chez l'enfant qui devint si belle, si vertueuse et si intelligente que tous ceux qui la voyaient l'aimaient.

Le jour de ses quinze ans, il se trouva que le roi et la reine furent absents et que la jeune princesse se promena dans un très vieux donjon. Tout en haut, il y avait une petite porte et quand elle fit tourner la clé dans la serrure, la porte s'ouvrit d'un coup.

Une vieille femme était assise, le fuseau à la main, occupée à filer du lin.

– Bonjour, lui dit la princesse, que fais-tu là ?

– Je file, dit la vieille avec un bref mouvement de tête.

– Et cette chose-là, qui danse si joyeusement, qu'est-ce que c'est ? fit la demoiselle en s'emparant du fuseau pour essayer de filer elle aussi.

Mais elle l'avait à peine touché qu'elle se piqua le doigt et se trouva plongée dans le plus profond sommeil.

Et ce sommeil se répandit sur le château entier : le roi et la reine une fois rentrés s'endormirent, et avec eux toute la cour. Les chevaux s'endormirent aussi dans les écuries, les chiens dans la cour, les pigeons sur le toit, et les mouches même sur le mur…

Alors, autour du château, la broussaille épineuse se mit à

croître et à s'épaissir mois après mois, si bien que le château en fut tout d'abord entouré, puis entièrement recouvert.

Et peu à peu, dans le pays, circula la légende de la belle Fleur-d'Épine endormie sous les ronces, car tel était le nom qu'on avait donné à la princesse.

Après bien des années, il arriva qu'un fils de roi chevauche dans le pays

et entende ce que racontait un vieillard sur cette beauté merveilleuse, appelée Fleur-d'Épine, endormie depuis cent ans déjà.

Le jeune prince déclara :

– Je n'ai pas peur des buissons épais : je veux voir la belle princesse Fleur-d'Épine !

Mais en vérité, les cent années se trouvaient justement révolues et le jour du réveil de la princesse était arrivé.

Quand le prince avança vers la haute roncière, il ne trouva plus rien devant lui que de belles et grandes fleurs épanouies, qui s'écartaient d'elles-mêmes pour lui ouvrir le passage, et qui se resserraient derrière lui en refermant leur masse épaisse.

À l'intérieur du château, il vit toute la cour royale endormie et couchée çà et là ; et plus haut, près du trône, le roi lui-même et la reine étaient allongés. Il s'avança encore, tout était si calme et si parfaitement silencieux qu'il s'entendait respirer. Pour finir, le prince monta dans le vieux donjon et ouvrit la porte de la chambrette où la princesse Fleur-d'Épine dormait.

Elle était si merveilleusement belle qu'il ne pouvait en détourner ses yeux ; il se pencha sur elle et lui donna un baiser.

À la caresse de ce baiser, Fleur-d'Épine se réveilla et regarda le prince tendrement.

Alors, ils redescendirent ensemble et toute la cour sortit de son sommeil.

Les chevaux dans la cour se relevèrent, les chiens de chasse bondirent en frétillant, les pigeons prirent leur envol, les mouches recommencèrent à grimper le long des murs cependant que le feu reprenait dans la cuisine et, flambant clair, remettait la cuisson en train. Et le cuisinier expédia une bonne taloche au marmiton, tandis que la servante se remettait à plumer sa volaille !

Alors furent célébrées avec splendeur les noces du prince avec la belle princesse, que la légende et les gens avaient nommée Fleur-d'Épine, et ils vécurent dans le bonheur jusqu'à la fin de leurs jours.

Les Sept Corbeaux

illustré par Pascale Breysse

Un homme avait sept fils et pas de fille, à son grand désespoir. Sa femme enfin lui en donna une. Leur joie fut grande, mais l'enfant était fort petite et on résolut de l'ondoyer à cause de sa faiblesse.

Le père envoya en hâte un de ses garçons chercher de l'eau à la source ; les autres six coururent derrière lui, et comme ils se disputaient à qui remplirait la cruche, celle-ci tomba à l'eau. Tout interdits et n'osant pas rentrer, ils demeuraient là.

Comme ils ne revenaient toujours pas le père s'impatienta et dit :

– Les coquins doivent jouer à un jeu quelconque qui les retient et leur fait oublier ma commission.

Il craignait de voir sa fille trépasser sans être ondoyée et s'écria dans sa colère :

– Je voudrais qu'ils fussent tous les sept transformés en corbeaux !

À peine eut-il prononcé ces mots qu'il entendit un battement

d'ailes au-dessus de sa tête et aperçut sept corbeaux tout noirs qui s'avançaient.

Il était trop tard pour revenir sur la malédiction prononcée. Les parents se consolèrent cependant de la perte de leurs fils en voyant leur chère petite fille prendre des forces et gagner en beauté de jour en jour. Elle ignora longtemps qu'elle avait eu des frères, car les parents se gardaient bien de le lui apprendre, jusqu'au jour où elle entendit des voisins dire qu'elle était vraiment jolie, mais qu'elle était cependant cause du malheur de ses sept frères. Elle fut désolée à cette nouvelle et elle demanda à ses parents si elle avait eu des frères et ce qu'ils étaient devenus. Ceux-ci ne purent donc garder leur secret plus longtemps. Mais ils lui dirent que c'était la volonté du ciel et que sa naissance était la cause involontaire de leur malheur.

Cependant elle s'en accusait quand même et se dit qu'elle devait délivrer ses frères du charme qui pesait sur eux. Elle ne trouva de repos qu'elle n'eut parcouru l'univers entier à leur recherche et donc, elle quitta furtivement la maison. Elle n'emporta avec elle qu'une petite bague en souvenir de ses parents, un pain pour la faim,

une cruche d'eau pour la soif et une petite chaise pour la fatigue.

Elle allait sans cesse et toujours, jusqu'à ce qu'elle fût parvenue au bout du monde. Elle arriva jusqu'au soleil, mais il était trop chaud et mangeait les petits enfants. Elle le quitta en hâte et courut vers la lune, mais elle était froide, maussade et méchante. Elle dit en voyant

l'enfant : « Je sens, je sens de la chair humaine ». Elle s'en retourna en hâte et parvint aux étoiles. Elles lui firent un accueil amical, et chacune avait son petit siège. L'étoile du matin se leva, lui donna un petit os et lui dit :

– Sans ce petit os tu ne pourrais pas ouvrir la montagne de verre, et c'est dans cette montagne que se trouvent tes frères.

La petite prit l'os, l'enveloppa soigneusement dans son mouchoir et continua à marcher jusqu'à la montagne de verre. La porte en était fermée ; elle tira son mouchoir pour y prendre l'os : il n'y était plus, elle avait perdu le présent des étoiles. Que faire ? Elle voulait sauver ses frères et elle n'avait plus la clef de la montagne. La bonne petite sœur prit son couteau, coupa un de ses mignons petits doigts, le mit dans la serrure et parvint à l'ouvrir. Quand elle fut entrée elle vit venir à sa rencontre un nain qui lui dit :

– Mon enfant, que viens-tu chercher ?

– Je cherche mes frères, les sept corbeaux, répondit-elle.

Le nain dit :

– Messieurs les corbeaux ne sont pas à la maison pour

le moment, mais si tu veux attendre leur retour, entre.

Le nain servit le souper des corbeaux dans sept petites assiettes et sept petits gobelets, et la petite sœur prit une bouchée dans chaque assiette et bol, une gorgée dans chaque gobelet ; dans le dernier elle laissa tomber la bague qu'elle avait apportée. Elle entendit soudain dans l'air un battement d'ailes accompagné de croassements, et le nain dit :

– Voilà messieurs les corbeaux qui rentrent.

Ils revenaient en effet, et voulant manger et boire se mirent en quête chacun de son assiette et de son gobelet.

L'un après l'autre se mit à dire :

– Qui a mangé dans mon assiette ? Qui a bu dans mon gobelet ? Des lèvres humaines y ont touché.

Et quand le septième eut vidé son gobelet, il sentit la bague. Il la prit et vit que c'était une bague de ses parents et dit :

– Plût à Dieu que notre petite sœur fût là, nous serions délivrés.

À ces mots, la jeune fille qui se tenait derrière la porte parut, et aussitôt les corbeaux recouvrèrent la forme humaine. Ils s'embrassèrent et s'étreignirent longuement et rentrèrent joyeusement chez eux.

Rumpelstilzchen

illustré par Anne Defréville

Il était une fois un meunier fort pauvre, mais qui avait une très jolie fille.

Or, il arriva que pour se faire valoir, il dit un jour au roi :

– J'ai une fille qui, en filant, transforme la paille en or.

– Voilà un talent qui me plaît, répondit le roi. Si ta fille est si adroite, amène-la-moi demain au château ; je veux la mettre à l'épreuve.

Quand la jeune fille arriva, le roi la conduisit dans une chambre remplie de paille, lui donna un rouet et une quenouille. Puis il sortit en lui disant que si la tâche promise par son père n'était pas achevée le lendemain, il la tuerait. Là-dessus, il referma la porte de la chambre où elle resta seule.

Et la pauvre meunière pleurait toutes les larmes de son corps quand, soudain, la porte s'ouvrit, et il entra un petit homme qui lui dit :

– Bonsoir, belle meunière. Pourquoi pleures-tu si fort ?

– Hélas ! répondit la jeune fille, il faut que je file en or cette paille, et je n'y entends rien.

– Que me donnes-tu si je la file pour toi ? demanda le petit homme.

– Mon collier, dit la jeune fille.

Le petit homme prit le collier, s'assit au rouet, et se mit à filer, filer, filer tant et si bien qu'au matin, toute la paille se trouva filée et toutes les bobines pleines d'or.

Sitôt le soleil levé, le roi arriva, s'émerveilla et voulut recommencer l'expérience. Le petit homme réapparut, la meunière dut donner cette fois son anneau, et le miracle se produisit à nouveau le lendemain.

À la vue de l'or, le roi fut si enchanté qu'il dit à la jeune fille :

– Tu vas me filer encore tout cela cette nuit, et si tu y réussis, tu deviendras mon épouse.

« Bien que ce soit une simple meunière, pensait-il, je ne pourrais pas trouver au monde une femme plus riche. »

Quand la jeune fille fut seule et désemparée, le petit homme revint une troisième fois. Comme elle n'avait plus de bijoux, elle dut alors s'engager à lui offrir son premier enfant s'il réalisait le miracle attendu par le roi.

Et le petit homme fila encore une fois la paille en or.

Le matin, quand le roi arriva et trouva ce qu'il désirait accompli, il épousa la belle meunière qui devint reine et eut les plus belles noces qu'on puisse imaginer.

Un an après, elle mit au monde un bel enfant, et ne pensait plus au petit homme, quand celui-ci entra tout à coup dans sa chambre et lui dit :

– Allons, donne-moi maintenant ce que tu m'as promis !

La reine tressaillit et proposa au petit homme tous les trésors du royaume s'il voulait lui laisser son enfant. Mais il répondit :

– Non, je préfère quelque chose de vivant à tous les trésors du monde.

Alors la reine se mit à tant pleurer que le petit homme lui dit :

– Je t'accorde encore trois jours ; si pendant ce temps-là tu arrives à savoir mon nom, je te laisserai ton enfant.

Pendant toute la nuit, la reine se remémora tous les noms possibles et délégua même un fidèle messager pour récolter des noms rarissimes.

Le lendemain, quand le petit homme revint, elle énonça les trois noms : Gaspard, Melchior, Balthazar. Puis, le jour suivant, elle répéta au petit homme des noms plus rares encore ; mais il répondait toujours :

– Je ne m'appelle pas ainsi.

Le troisième jour, le messager revint et fit le récit suivant :

– Ma reine, arrivé un soir près d'une haute montagne, au coin du bois où renards et lièvres se disaient bonne nuit, je vis là une petite maison devant laquelle brûlait un feu, et autour du feu sautillait un petit homme très drôle qui dansait à cloche-pied et criait :

« Aujourd'hui je pétris

Demain je brasse la bière

Après-demain je vais chercher l'enfant de la reine

Quel bonheur que personne ne sache

Que je m'appelle Rumpelstilzchen ! »

Vous pouvez penser si la reine fut contente en apprenant ce nom, et bientôt, quand le petit homme entra, elle lui dit :

– Ne t'appellerais-tu pas Rumpelstilzchen ?

Le petit homme devint vert et bleu de rage.

– Il faut que ce soit le diable qui te l'ait dit ! Il faut que ce soit le diable qui te l'ait dit ! s'écria-t-il en tournoyant.

Et il frappa si violemment la terre de son pied droit que

sa jambe y entra jusqu'au ventre ; ensuite, dans sa hargne et sa furie, il saisit son pied gauche des deux mains et se fendit lui-même de bas en haut !

Les Musiciens de Brême

illustré par Jérôme Brasseur

Il était une fois un vieux meunier qui possédait un bel âne du nom de Grison. Chaque jour, cet âne emportait les sacs de blé au moulin, sans jamais se plaindre de la mauvaise humeur de son maître. Mais l'âne vieillissait et, peu à peu, ses forces déclinaient. Le meunier se dit un jour qu'il était temps de s'en débarrasser.

Et il envoya à grands coups de bâtons le malheureux sur les routes. Le pauvre âne, les oreilles basses, prit la direction de Brême. Il s'imaginait devenir bientôt musicien au service de la ville.

En chemin, il rencontra un chien de chasse qui gémissait dans un fossé.

– Eh bien, Taïaut, que fais-tu ainsi à attendre la mort ? demanda l'âne.

– Je me fais vieux… répondit le chien. J'ai bien du mal à chasser comme autrefois. Mon maître, peu reconnaissant, voulait me tuer, alors je me suis enfui. Mais où vais-je vivre désormais ?

– Je me rends à Brême pour devenir musicien. Viens donc avec moi, lui proposa Grison. Nous serons les plus heureux !

Ils repartirent donc tous deux sous le doux soleil d'été. Un peu plus loin sur la route, ils rencontrèrent un chat qui se promenait le long des champs de blé.

– Eh bien, vieux Raminagrobis, pourquoi as-tu l'air si triste ? lui demanda l'âne.

– Je me suis enfui de chez ma maîtresse ! répondit le chat. Comme j'étais plus souvent derrière le poêle à me chauffer qu'à la cave ou au grenier à chasser les souris, elle a essayé de me noyer. Je me suis sauvé alors qu'elle tentait de m'attraper. Et maintenant, je ne sais plus où aller…

– Viens avec nous à Brême. Tu connais aussi la musique, nous jouerons ensemble.

Les trois compères arrivèrent bientôt devant une ferme qu'ils connaissaient bien.

Le soleil était déjà haut dans le ciel depuis fort longtemps… Pourtant, le coq criait de toutes ses forces, perché sur un petit muret.

– Arrête, Chanteclair, tu nous casses les oreilles ! s'emporta Raminagrobis. Pourquoi hurles-tu de la sorte ?

– Je chante pour la toute dernière fois de mon existence… répondit le coq avec tristesse. La fermière veut que la cuisinière me coupe le cou à l'aube, pour me servir à table.

– Puisque tu chantes si bien, lui répondit Grison, l'air malicieux, viens avec nous ! Nous partons tous les trois pour Brême, afin de devenir de grands musiciens…

Aussitôt, le coq cessa de chanter, sauta de son muret et se posa sur la croupe de l'âne. Les quatre amis reprirent leur chemin, se racontant à tour de rôle ce qu'ils avaient enduré pendant leurs longues années de servitude.

Comme Brême était une ville lointaine, nos quatre complices décidèrent de chercher un logis pour se reposer. Le coq se percha tout en haut d'un grand chêne pour examiner les alentours. Après avoir regardé de tous côtés, il aperçut une lumière.

Le chat s'empressa de le rejoindre, en grimpant prestement sur l'arbre. Grâce à sa vue perçante, il confirma les dires du coq :

– Je vois une lumière qui brille au loin ! Elle provient d'une petite maison dans la clairière.

– Quittons cette forêt ! répondit Grison. Allons voir là-bas si le gîte et le couvert sont meilleurs.

Ils se mirent aussitôt en route et arrivèrent près d'une petite maison de bûcherons. Ils se dirigèrent sans faire de bruit vers la fenêtre. Grison passa la tête et découvrit trois affreux brigands, attablés autour d'un ragoût dont le fumet se répandait au dehors.

– Je vois trois bandits devant un très bon repas… murmura Grison. Nous devons les faire fuir. Vite, Taïaut, grimpe sur mon dos, et toi, Raminagrobis, monte sur le sien ! Chanteclair, tu te percheras au sommet. Dès que je pousserai la fenêtre, nous hurlerons tous en chœur.

Au signal de l'âne, la fenêtre s'ouvrit brusquement et des cris, des braiments, des miaulements et des aboiements envahirent toute la pièce. Pensant se trouver face à un fantôme, les brigands s'enfuirent dans la forêt, sans se retourner. Dès qu'ils furent suffisamment éloignés, le chien, le chat, l'âne et le coq entrèrent, se mirent à table et dégustèrent ce qui restait dans la marmite fumante.

Puis vint l'heure de se coucher. L'âne s'étendit sur la paille, le chien près de la porte de derrière, le chat à côté du poêle, et le coq au sommet du tas de foin.

Épuisés par leur longue marche, les quatre complices s'endormirent aussitôt.

Mais les brigands n'étaient pas loin.

La première frayeur passée, le chef du petit groupe ne put se résoudre à quitter une si douce retraite. De plus, il avait encore faim !

Comme le calme semblait revenu, il donna l'ordre à l'un de ses hommes d'aller voir si ce terrible fantôme était encore dans la maison.

L'homme prit alors son courage à deux mains et s'approcha doucement. Il poussa lentement la porte et pénétra dans la cuisine. Près du poêle, il lui sembla voir briller deux braises. Il approcha une allumette pour les embraser…

Mais Raminagrobis, qui dormait les yeux ouverts, n'apprécia guère cette soudaine intrusion. Se dressant sur ses quatre pattes, il cracha sur le voleur et lui sauta dessus, toutes griffes dehors.

Terrorisé, le brigand se protégea le visage et traversa la pièce à toute vitesse, pensant s'enfuir par la porte de derrière. Malheureusement pour lui, il buta contre Taïaut, alors qu'il franchissait le seuil. Celui-ci se redressa vivement et le mordit sévèrement de ses terribles crocs. Puis il le poursuivit sur quelques mètres en aboyant. Le voleur se mit à courir à travers la cour en hurlant à pleins poumons.

Dans son élan, il sauta par-dessus ce qui semblait être un tas de foin. Mais à l'instant même où il franchissait cet obstacle, Grison, réveillé en sursaut, lui décocha un violent coup de sabot ! Tiré de son sommeil par tout ce vacarme, Chanteclair, croyant l'aube arrivée, se mit à chanter : « Cocorico ! Cocorico ! »

Le voleur s'enfuit aussi vite que ses jambes le lui permirent, jurant de ne plus jamais remettre les pieds dans cette maison hantée.

Hors d'haleine, il raconta son aventure :

– Il y a dans la maison, près du poêle, une sorcière qui griffe ceux qui s'approchent d'elle ! Près de la porte, un homme veille le couteau à la main, et un autre est caché dans le tas de foin avec un gourdin. J'ai même entendu un juge sur le toit qui criait : « qu'on capture ce coquin, qu'on capture ce coquin ! »

Après un tel récit, les voleurs n'osèrent plus jamais s'aventurer dans le coin.

Quant à nos quatre compères, ils décidèrent que Brême attendrait d'autres musiciens. Ils s'installèrent dans la maison pour vivre ensemble des jours heureux et paisibles.

Simple-Œil, Double-Œil et Triple-Œil

illustré par Hanoa Silvy

Il y avait une femme qui avait trois filles, dont l'aînée s'appelait Simple-Œil, parce qu'elle n'avait qu'un œil au milieu du front ; la seconde, Double-Œil, parce qu'elle avait deux yeux comme les autres gens ; et la cadette, Triple-Œil, parce qu'elle avait trois yeux, et chez elle, le troisième était aussi au milieu du front.

Or, comme Double-Œil n'avait pas d'autre mine que celle des autres enfants, sa mère et ses deux sœurs ne pouvaient pas la supporter, à un point tel qu'elles la vêtaient de leurs hardes usées et ne lui donnaient à manger que leurs restes.

Un jour, Double-Œil s'assit sur le bord de la route et se mit à pleurer si fort que deux ruisseaux coulaient le long de son visage. Au moment où elle levait ses yeux baignés de larmes, une dame blanche se trouva debout devant elle, qui lui demanda d'où venait son chagrin.

Double-Œil lui conta toute son histoire en soupirant.

– Double-Œil, dit la dame blanche, essuie tes yeux. Quand tu auras faim, dis à ta chèvre : « fais Méhéhé, Guigette ! Couvre-toi, tablette ! » Et aussitôt tu pourras manger tant que tu en voudras. Une fois que tu seras rassasiée, tu diras : « fais Méhéhé, Guigette ! Disparais, tablette ! » Et elle disparaîtra.

Et ainsi fut fait.

Double-Œil mangeait ainsi chaque jour à sa guise.

Un jour, méfiante, la méchante mère dit à Triple-Œil :

– Va donc demain vérifier si quelqu'un n'apporte pas à boire et à manger à Double-Œil. Elle engraisse à vue d'œil !

Double-Œil et Triple-Œil allèrent donc ensemble aux champs et, quand Double-Œil supposa que Triple-Œil dormait, elle répéta sa sentence. Et la table fut dressée, joliment garnie de mets appétissants.

Mais Triple-Œil avait tout vu ! Aussi, quand elle fut de retour à la maison, elle raconta tout par le menu. La mère planta alors sans hésiter un couteau de boucher dans le cœur de la chèvre pour que le sort de Double-Œil cesse immédiatement.

Accablée de chagrin, Double-Œil s'assit le soir sur le bord

du chemin et pleurait des larmes amères quand, tout à coup, reparut la dame blanche qui lui dit :

– Double-Œil, que pleures-tu ?

– Je pleure la chèvre qui, chaque jour, quand je lui disais votre sentence, me servait une si belle table. Ma mère l'a tuée, et voilà que je vais être condamnée de nouveau à la faim et à la peur.

– Double-Œil, dit la dame blanche, je vais te donner un conseil. Prie tes sœurs de te céder les entrailles de la chèvre tuée, et ensevelis-les devant la porte de la maison. Elles feront ainsi ton bonheur.

Là-dessus, elle disparut.

Double-Œil rentra et supplia ses sœurs qui lui répondirent :

– Si tu ne veux que cela, tu l'auras !

Double-Œil prit les entrailles et les enterra le soir même, sans bruit, devant la porte de la maison.

Le lendemain matin, quand elles s'éveillèrent, les sœurs trouvèrent devant la porte de la maison un arbre merveilleux d'où pendaient des fruits d'or. Aussitôt, elles montèrent sur l'arbre en ten-

dant les bras vers les fruits. Mais dès qu'elles approchaient, les branches reculaient ! Seule, Double-Œil pouvait cueillir les fruits sans qu'ils s'enfuient.

Il arriva qu'un jour où elles étaient ensemble près de l'arbre, on vît venir un beau chevalier qui admira l'arbre et demanda :

– À qui appartient cet arbre ? Celle qui m'en donnerait une branche pourrait me demander en récompense tout ce qu'elle voudrait.

Les deux sœurs s'empressèrent de grimper à l'arbre pour en couper une branche. Mais, à nouveau, chaque fois qu'elles tendaient les bras, les branches reculaient et leur échappaient !

Alors le chevalier demanda à Double-Œil :

– Pourrais-tu, toi, me cueillir une branche de cet arbre ?

– Oui, répondit-elle, je le pourrai très bien, car l'arbre m'appartient.

Et elle monta gracieusement sur l'arbre, et, sans grande peine, en cueillit une branche avec ses feuilles d'argent et ses fruits d'or qu'elle tendit au chevalier.

– Double-Œil, dit celui-ci, que désires-tu comme récompense ?

– Ah ! répondit-elle, je souffre de la faim et de la soif et suis malheureuse du matin au soir. Si vous vouliez me prendre avec vous, je serais bien heureuse.

Alors le chevalier prit Double-Œil sur son cheval, l'emmena au château, et s'occupa d'elle tendrement.

Les deux sœurs se dirent alors :

– Bah ! Il nous reste à nous l'arbre merveilleux. Qui sait si nous n'y trouverons pas notre compte !

Mais le lendemain matin, l'arbre avait disparu, et toutes leurs espérances étaient perdues.

Et quand Double-Œil regarda de sa jolie chambre, par la fenêtre, elle le vit devant elle ! L'arbre l'avait suivie et elle en fut émerveillée.

Double-Œil et son chevalier se marièrent et furent heureux jusqu'à la fin des temps.

On raconte que les deux sœurs et leur mère vivent encore, toutes trois confites dans leur méchanceté.

Le Loup et les sept cabris

illustré par Raphaëlle Michaud

Il y avait une fois une vieille chèvre qui avait sept cabris, et elle les aimait comme une mère aime ses enfants.

Un jour, elle leur dit :

– Chers enfants, je vais au bois. Prenez garde au loup. S'il entrait, il vous mangerait tous, cuir et poil. Le méchant se contrefait souvent, mais vous le reconnaîtrez facilement à sa voix rauque et à ses pieds noirs.

Les cabris répondirent :

– Chère mère, nous ferons bien attention. Vous pouvez partir sans souci.

Là-dessus, la chèvre se mit en route.

Un instant après, quelqu'un vint frapper à la porte en criant :

– Ouvrez-moi, chers enfants. C'est votre mère et elle vous apporte à tous quelque chose.

Mais les cabris avaient reconnu à la voix rauque que c'était le loup.

– Nous ne voulons pas ouvrir, répondirent-ils, tu n'es pas notre mère qui a une voix douce et caressante, tandis que la tienne est rauque. Tu es le loup.

Le loup s'en alla alors chez un marchand, et acheta un gros

morceau de craie qu'il mangea pour s'adoucir la voix. Puis il revint, frappa à la porte et cria :

– Ouvrez-moi, chers enfants. C'est votre mère et elle vous apporte à tous quelque chose.

Mais le loup avait posé sa patte noire contre la fenêtre. Les cabris la virent et répondirent :

– Nous ne voulons pas ouvrir ; notre mère n'a pas de pied noir, comme toi. Tu es le loup.

Le loup courut alors chez un boulanger, lui demanda de poudrer sa patte de farine et le fripon, pour la troisième fois, frappa à la porte en disant :

– Chers enfants, ouvrez-moi. Votre chère petite mère est revenue et elle vous apporte à tous quelque chose.

– Montre-nous d'abord ta patte, dirent les cabris, afin que nous sachions si tu es notre petite mère.

Alors le loup posa sa patte contre la fenêtre, et quand ils virent qu'elle était blanche, ils crurent que tout était vrai, et ouvrirent la porte. Mais qui est-ce qui entra ? Ce fut le loup. Ils eurent grand-peur et voulurent se cacher. L'un sauta sous la table, le second dans le lit, le troisième dans le fourneau, le quatrième dans la cuisine, le cinquième dans le buffet, le sixième sous la terrine à relaver, le septième dans la caisse de l'horloge. Mais le loup les trouva tous et les avala à l'exception du plus jeune, qu'il ne put trouver dans la caisse de l'horloge !

Quand le loup eut satisfait son envie, il s'en alla se coucher dehors, dans la verte prairie, sous un arbre, et commença à s'endormir.

Bientôt, la chèvre rentra de la forêt. Ah ! Dieu ! Quel spectacle l'attendait ! Elle cherchait ses enfants, mais ne parvenait pas à les trouver. Elle les appelait par leur nom les uns après les autres, mais personne ne répondait. Enfin, quand elle appela le nom du plus jeune, une petite voix s'écria :

– Chère mère ! Je suis caché dans la caisse de l'horloge !

Elle le tira dehors, et il lui raconta que le loup était venu et qu'il avait mangé tous les autres. Vous pouvez penser comme elle pleura ses pauvres enfants !

Enfin, elle ressortit toute désolée, et le plus jeune des cabris lui courut après.

Quand elle arriva dans la prairie, le loup était couché sous l'arbre et ronflait si fort que les branches tremblaient. Elle le regarda de tous côtés et s'aperçut que quelque chose remuait et gigotait dans son énorme ventre si bien rempli.

« Ah ! Dieu ! pensa-t-elle, est-ce que mes pauvres enfants qu'il a avalés pour son souper seraient encore en vie ? »

Il fallut que le cabri courût à la maison lui chercher les ciseaux, une aiguille et du fil.

Alors elle ouvrit la panse du loup, et dès qu'elle eut commencé à couper, un des cabris sortit sa tête, et, à mesure qu'elle coupait, tous les autres s'échappèrent de même l'un après l'autre.

– Maintenant, dit-elle à ses enfants, allez vite me chercher des pierres pour remplir le ventre de la maudite bête pendant qu'elle dort encore.

Alors, les petits cabris allèrent vite chercher des pierres et les fourrèrent dans le ventre du loup, puis la mère le recousit en toute hâte.

Quand le loup eut fini de dormir, il voulut aller boire à une fontaine. Mais quand il commença à bouger, les pierres se heurtèrent dans son ventre les unes contre les autres, en faisant du bruit. Il fut très étonné. Puis il s'écria :

– *Qu'est-ce qui fait ce vacarme-là*
Au fin fond de mon estomac ?
J'avais avalé des cabris,
Et je suis plein de cailloux gris !

Et quand, arrivé à la fontaine, il voulut se pencher sur l'eau pour boire, les lourdes pierres l'entraînèrent et il se noya misérablement. Quand les sept cabris virent cela, ils accoururent au galop, en criant tout haut :

– Le loup est mort ! Le loup est mort !

Et ils se mirent à danser de joie, avec leur mère, autour de la fontaine.

Charles Perrault

Cendrillon

illustré par Quitterie de Castelbajac

Il était une fois une jeune fille douce et bonne. Comme elle allait toujours s'asseoir dans les cendres près de la cheminée lorsqu'elle avait terminé son ouvrage, tout le monde l'appelait Cendrillon.

Haïe et malmenée par une marâtre et des sœurs que sa beauté rendait jalouses, Cendrillon demeurait là tous les soirs, tristement.

Il arriva au printemps que le fils du roi annonce un bal et y convie toutes les personnes de qualité. Les deux sœurs y furent priées et n'eurent alors de cesse d'imaginer dans quels atours elles y paraîtraient. Puis l'heureux soir arriva. On partit, et Cendrillon suivit des yeux les deux frivoles, le regard voilé de peine. Et quand elles disparurent au loin, elle se mit à pleurer.

Une fée, qui cueillait alors des simples sur la route, la vit tout en larmes et n'eut aucun mal à deviner la raison de sa peine.

– Tu voudrais bien aller au bal, n'est-ce pas ?

En écoutant l'histoire de Cendrillon, la fée fut si attristée qu'elle lui dit :

– Va dans le jardin, et apporte-moi une citrouille !

Sans comprendre, Cendrillon alla cueillir la plus belle citrouille qu'elle put trouver et la porta à la bonne fée qui la frappa de sa baguette magique… et la citrouille fut aussitôt changée en un carrosse doré ! La fée alla ensuite regarder dans la souricière où elle trouva six souris, et chacune d'elles fut changée en un fier cheval d'un beau gris pommelé. Puis elle transforma de sa baguette six lézards cachés derrière un arrosoir en six laquais, aussitôt postés derrière le carrosse, parés de leurs habits chamarrés. Enfin, elle fit d'un gros rat qui passait un magnifique cocher.

La fée dit alors à Cendrillon :

– Eh bien, voilà de quoi aller au bal !

– Oui, mais est-ce que j'irai comme cela, avec mes vilains habits ?

La fée ne fit que la toucher avec sa baguette, et en un clin d'œil, les habits de Cendrillon furent changés en parures d'or et d'argent constellées de pierreries et ses socques, en une paire de petites pantoufles de verre. Cendrillon resplendissait comme une étoile dans le ciel.

Au moment de partir, la fée lui recommanda de bien rentrer avant minuit. Si elle demeurait au bal un instant de plus, son carrosse redeviendrait une citrouille, ses chevaux des souris, ses laquais des lézards, et ses beaux habits reprendraient leur allure première.

Et Cendrillon s'en fut, transportée de joie.

On alla alors avertir le fils du roi que venait d'arriver une grande princesse qu'on ne connaissait point. Il courut la recevoir et la mena dans la salle où était la compagnie.

Il se fit alors un grand silence.

On n'entendait qu'un bruit confus :

– Oh ! Comme elle est belle !

Le fils du roi la prit pour la mener danser et elle valsa avec tant de grâce qu'on l'admira encore davantage. Il demeura tout le soir auprès d'elle et ne cessa de lui susurrer des douceurs à l'oreille, tant et si bien que la jeune fille oublia les recommandations de la fée. Elle entendit sonner le premier coup de minuit, imaginant onze heures à peine.

Elle se leva et disparut alors, aussi légère qu'une biche.

Le prince la suivit mais ne put saisir au vol qu'une de ses pantoufles de verre qu'elle avait perdue en s'enfuyant.

Cendrillon arriva chez elle sans carrosse, sans laquais et dans ses méchants habits ; rien ne lui restait de sa magnificence que la seconde de ses petites pantoufles de verre. Et quand les deux sœurs revinrent du bal elles aussi, elles lui dirent que le fils du roi avait ramassé la pantoufle qu'une inconnue avait perdue en s'enfuyant, tout en la tenant jusqu'à l'aube contre son cœur.

Elles dirent bien vrai car, peu de jours après, le fils du roi fit publier, à son de trompe, qu'il épouserait celle dont le petit pied serait parfaitement ajusté à la pantoufle.

On commença alors à l'essayer aux princesses, puis aux duchesses ainsi qu'à toute la cour, et aux deux sœurs enfin. Mais on ne vit là que contorsions inutiles et vains efforts !

Cendrillon, qui reconnut sa pantoufle, se proposa de l'essayer en dépit des railleries de toutes ses rivales.

Le fils du roi la fit alors asseoir et, approchant la pantoufle de son petit pied, vit qu'il y entrait sans peine.

L'étonnement de tous fut immense, mais plus immense encore lorsque Cendrillon sortit de sa poche l'autre petite pantoufle qu'elle mit à son pied. Et lorsque la fée apparut et donna un coup de baguette sur les habits de Cendrillon et les transforma en cascades de lumières, ce ne fut que stupéfaction.

Alors, ses deux sœurs la reconnurent pour la belle personne qu'elles avaient vue au bal. Elles se jetèrent à ses pieds pour lui demander pardon, ce qu'accepta volontiers Cendrillon car elle était bonne.

Le jeune prince, ébloui par tant de beauté et de grâce, lui demanda sa main le jour même.

Et ce furent de si belles noces qu'on en parle encore dans tout le pays.

Le Chat Botté

illustré par Anne Defréville

Un vieux meunier ne laissa à ses enfants pour tout bien, la mort venue, que son moulin, son âne et son chat. L'aîné eut le moulin, le second eut l'âne, et le plus jeune, le chat. Le dernier fils ne pouvait se consoler d'avoir un si pauvre lot :

– Mes frères, disait-il, pourront gagner leur vie honnêtement en se mettant ensemble ; pour moi, lorsque j'aurai mangé mon chat et que je me serai fait un manchon de sa peau, il faudra que je meure de faim.

– Ne vous affligez point, mon maître, dit alors le Chat, qui était le plus rusé du royaume, vous n'avez qu'à me donner un sac et me faire faire une paire de bottes pour aller dans les broussailles, et vous verrez !

Lorsque le Chat eut ce qu'il demandait, il se botta bravement et s'en alla dans une garenne, s'étendant comme s'il eût été mort.

À peine fut-il couché qu'il eut contentement : un jeune étourdi de lapin entra dans son sac ; le Maître Chat le prit et le tua sans miséricorde. Tout glorieux de sa proie, il s'en alla chez le roi et demanda à lui parler.

– Voilà, sire, fit-il au roi après une profonde révérence, un lapin de garenne que Monsieur le marquis de Carabas (c'était le nom qu'il lui prit en gré de donner à son maître) m'a chargé de vous présenter de sa part.

– Dis à ton maître, répondit le roi, que je le remercie et qu'il me fait plaisir.

Le Chat continua ainsi, pendant deux ou trois mois, à porter de temps en temps au roi la chasse de son maître.

Un jour qu'il sut que le roi devait aller à la promenade sur le bord de la rivière avec sa fille, la plus belle princesse du monde, il dit à son maître :

– Si vous voulez suivre mon conseil, votre fortune est faite : vous n'avez qu'à vous baigner dans la rivière, à l'endroit que je vous montrerai, et ensuite me laisser faire.

Et ainsi fut fait.

– Au secours ! Au secours ! Voilà Monsieur le marquis de Carabas qui se noie, entendit-on soudain.

À ce cri, le roi mit la tête à la portière, et, reconnaissant le Chat si aimable, ordonna à ses gardes qu'on allât vite au secours du marquis puis quérir pour lui un de ses plus beaux habits. Comme ces royaux vêtements relevaient sa belle allure, la fille du roi en devint amoureuse aussitôt qu'elle le vit.

Et ce fut ensuite une promenade en carrosse. Le Chat, ravi de voir que son dessein commençait à réussir, partit devant, et menaça des paysans qui fauchaient un pré :

– Si vous ne dites au roi que le pré que vous fauchez appartient à Monsieur le marquis de Carabas, vous serez tous hachés menu comme chair à pâté.

Le roi ne manqua pas à demander aux faucheurs à qui était ce pré.

– C'est à Monsieur le marquis de Carabas, dirent-ils tous ensemble.

–Vous avez là un bel héritage, dit le roi au marquis de Carabas.

–Vous voyez, sire, répondit le marquis, c'est un pré qui ne manque point de rapporter abondamment toutes les années.

Le Maître Chat arriva enfin dans un beau château, dont le maître était un ogre, le plus riche qu'on ait jamais vu, car toutes les terres par où le roi avait passé étaient de la dépendance de ce château.

Le Chat demanda à lui parler ; l'ogre le reçut aussi civilement que le peut un ogre et le fit reposer.

– On m'a assuré, dit le Chat, que vous aviez le don de vous changer en toute sorte d'animaux ; que vous pouviez, par exemple, vous transformer en lion, en éléphant.

– Cela est vrai, répondit l'ogre brusquement, et, pour vous le montrer, vous m'allez voir devenir lion.

Le Chat en fut effrayé mais revint peu après, ayant vu que l'ogre avait quitté sa première forme.

– On m'a assuré encore, dit le Chat, que vous aviez aussi le pouvoir de vous changer en un rat, en une souris. Je vous avoue que je tiens cela tout à fait impossible.

– Impossible ! reprit l'ogre, vous allez voir.

Et dès que le Chat eut aperçu la souris, il se jeta dessus et la mangea.

Cependant, le roi, qui vit en passant le beau château de l'ogre, voulut y entrer.

–Votre Majesté soit la bienvenue dans ce château !

– Comment, Monsieur le marquis, s'écria le roi, ce château est encore à vous ! Il ne se peut rien de plus beau ; voyons les dedans, s'il vous plaît.

Et tous entrèrent.

Le roi, charmé des qualités du marquis, de même que sa fille, qui en était folle, et voyant les grands biens qu'il possédait, lui dit, après avoir bu cinq ou six coups :

– Il ne tiendra qu'à vous, Monsieur le marquis, que vous ne soyez mon gendre.

Le marquis fit de grandes révérences et, le même jour, épousa la princesse, tandis que le Chat devint, lui, grand seigneur.

Barbe Bleue

illustré par Sandrine Morgan

Il était une fois un homme fort riche. Mais, par malheur, il avait la barbe bleue : cela le rendait si terrible que toutes les femmes s'enfuyaient devant lui.

Une de ses voisines avait deux filles. Il en demanda une en mariage, mais ni l'une ni l'autre ne voulaient de lui, car il avait déjà épousé plusieurs femmes que l'on n'avait jamais revues.

Barbe Bleue, pour faire connaissance, les mena, avec leur mère et quelques amies dans l'une de ses maisons de campagne, pendant huit jours. Ce n'étaient que promenades, parties de chasse et de pêche, danses et festins, etc. Enfin, tout alla si bien que la cadette trouva que le maître du logis n'avait plus la barbe aussi bleue, que c'était un homme charmant, et le mariage se conclut.

Au bout d'un mois, Barbe Bleue dit à sa femme qu'il était obligé de faire un voyage pour une affaire conséquente et qu'il la priait de bien se divertir pendant son absence.

– Voilà, dit-il, les clés de tous les meubles et pièces de la maison. Quant à cette petite clé-ci, c'est celle du cabinet au bout de la grande galerie : ouvrez tout, allez partout ; mais je vous défends d'entrer dans ce petit cabinet sous peine de subir ma colère.

Elle promit d'observer exactement tout ce qu'il venait de lui ordonner et lui, après l'avoir embrassée, partit pour son voyage.

Les voisines et amies n'attendirent pas qu'on vienne les chercher pour aller chez la jeune mariée, tant elles étaient impatientes de voir toutes les richesses de sa maison. Les voilà aussitôt à parcourir les chambres, les cabinets, les garde-robes, toutes plus belles et plus riches les unes que les autres. Elles ne cessaient d'exagérer et d'envier le bonheur de leur amie, qui cependant ne s'amusait pas à voir toutes ces richesses, tellement elle était impatiente d'aller ouvrir le cabinet interdit.

Elle était si pressée qu'elle quitta ses amies et descendit par un petit escalier dérobé, et avec tant de précipitation qu'elle faillit se rompre le cou deux ou trois fois. Devant la porte du cabinet, la tentation était si forte qu'elle ne put la surmonter : elle prit donc la petite clé, et ouvrit la porte en tremblant.

D'abord elle ne vit rien, parce que les fenêtres étaient fermées. Puis, elle commença à voir que le plancher était tout couvert de sang caillé, et que, dans ce sang, se reflétaient les corps de plusieurs femmes mortes attachées le long des murs : c'était toutes les femmes que Barbe Bleue avait épousées, et qu'il avait égorgées. Elle faillit mourir de peur, et la clé du cabinet lui tomba de la main.

Après avoir repris ses sens, elle ramassa la clé, referma la porte, et monta à sa chambre pour se remettre un peu.

Ayant remarqué que la clé du cabinet était tachée de sang, elle l'essuya deux ou trois fois ; mais le sang ne s'en allait point : elle eut beau la laver, et même la frotter avec du sablon, il restait toujours du sang, car la clé était ensorcelée, et il n'y avait pas moyen de la nettoyer entièrement.

Barbe Bleue revint de son voyage le soir même, et sa femme

fit tout ce qu'elle put pour lui montrer qu'elle était ravie de son prompt retour.

Le lendemain, il lui redemanda les clés ; et elle les lui donna, mais d'une main si tremblante, qu'il devina sans peine tout ce qui s'était passé.

– Pourquoi, lui dit-il, la clé du cabinet n'est-elle point avec les autres ?

Alors, il fallut bien la lui apporter. Barbe Bleue, l'ayant observée, dit à sa femme :

– Pourquoi y a-t-il du sang sur cette clé ?

– Je n'en sais rien, répondit la pauvre femme, plus pâle encore que la mort.

– Je le sais bien, moi ! reprit Barbe Bleue. Vous avez voulu entrer dans le cabinet ! Eh bien, vous y entrerez et irez prendre votre place auprès des dames que vous y avez vues.

Elle se jeta aux pieds de son mari en pleurant, et en lui demandant pardon de ne pas avoir été obéissante. Elle aurait attendri un rocher, mais Barbe Bleue avait le cœur plus dur qu'un rocher.

– Il faut mourir, lui dit-il.

– Puisqu'il faut mourir, répondit-elle en le regardant les yeux baignés de larmes, donnez-moi un peu de temps pour prier Dieu.

– Je vous donne un quart d'heure, reprit Barbe Bleue ; mais pas une seconde de plus.

Lorsqu'elle fut seule, elle appela sa sœur et lui dit :

– Ma sœur Anne, monte, je te prie, sur le haut de la tour pour voir si mes frères ne viennent point : ils m'ont promis qu'ils viendraient me voir.

La sœur Anne monta sur le haut de la tour ; et la pauvre affligée lui criait de temps en temps :

– Anne, ma sœur Anne, ne vois-tu rien venir ?

Et la sœur Anne lui répondait :

– Je ne vois que le soleil qui poudroie, et l'herbe qui verdoie.

Pendant que Barbe Bleue, tenant un grand coutelas à sa main, s'impatientait, sa femme demandait tout bas :

– Anne, ma sœur Anne, ne vois-tu rien venir ?

Et la sœur Anne répondait :

– Je ne vois que le soleil qui poudroie, et l'herbe qui verdoie.

– Descends donc vite, criait Barbe Bleue, ou c'est moi qui monterai.

– J'arrive, répondait sa femme et puis elle demandait : Anne, ma sœur Anne, ne vois-tu rien venir ?

– Je vois, répondit-elle, deux cavaliers qui viennent de ce côté, mais ils sont encore bien loin.

– Dieu soit loué ! s'écria-t-elle un moment après. Fais-leur signe de se hâter.

Barbe Bleue se mit à crier si fort que toute la maison en trembla. La pauvre femme descendit, et alla se jeter à ses pieds tout éplorée.

Mais Barbe Bleue, la prenant d'une main par les cheveux, et de l'autre, levant le coutelas en l'air, se prépara à lui couper la tête.

À cet instant, on frappa si fort à la porte que Barbe Bleue s'arrêta net. On l'ouvrit, et aussitôt on vit entrer deux cavaliers qui, l'épée à la main, coururent droit à Barbe Bleue.

Il reconnut les frères de sa femme et tenta aussitôt de se sauver ; mais les deux frères le poursuivirent et l'attrapèrent avant qu'il pût gagner le perron. Ils lui passèrent leur épée au travers du corps, et le laissèrent mort.

Il se trouvait finalement que Barbe Bleue n'avait point d'héritiers, et qu'ainsi sa femme demeura maîtresse de tous ses biens. Elle en employa une partie à marier sa sœur Anne avec un jeune gentilhomme dont elle était aimée depuis longtemps ; une autre partie à acheter des charges de capitaines à ses deux frères, et le reste à se marier elle-même à un charmant homme qui lui fit oublier le mauvais temps qu'elle avait passé avec Barbe Bleue.

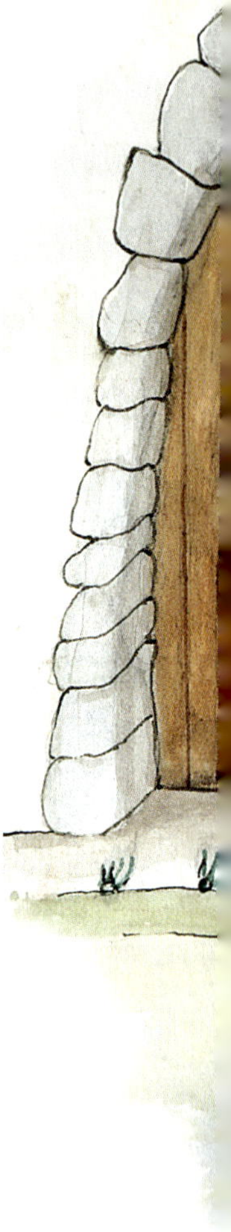

Le Petit Chaperon rouge

illustré par Anaïs Rotteleur

Il était une fois une petite fille de village, la plus jolie qu'on eût su voir ; sa mère en était folle, et sa mère-grand plus folle encore. Cette bonne femme lui fit faire un petit chaperon rouge, qui lui seyait si bien, que partout on l'appelait le Petit Chaperon rouge.

Un jour, sa mère, ayant cuit et fait des galettes, lui dit :

– Va voir comment se porte ta mère-grand, car on m'a dit qu'elle était malade. Porte-lui une galette et ce petit pot de beurre.

Le Petit Chaperon rouge partit aussitôt pour aller chez sa mère-grand, qui demeurait dans un autre village. En passant dans un bois elle rencontra compère le Loup, qui eut bien envie de la manger ; mais il n'osa, à cause de quelques bûcherons qui étaient dans la forêt. Il lui demanda où elle allait ; la pauvre enfant, qui ne savait pas

qu'il est dangereux de s'arrêter à écouter un Loup, lui dit :

– Je vais voir ma mère-grand, et lui porter une galette, avec un petit pot de beurre, que ma mère lui envoie.

– Demeure-t-elle bien loin ? lui dit le Loup.

– Oh ! oui, dit le Petit Chaperon rouge, c'est par-delà le moulin que vous voyez tout là-bas, à la première maison du village.

– Eh bien, dit le Loup, je veux l'aller voir aussi ; je m'y en vais par ce chemin-ci, et toi par ce chemin-là, et nous verrons qui plus tôt y sera.

Le loup se mit à courir de toute sa force par le chemin qui était le plus court, et la petite fille s'en alla par le chemin le plus long, s'amusant à cueillir des noisettes, à courir après des papillons, et à faire des bouquets des petites fleurs qu'elle rencontrait. Le loup ne fut pas longtemps à arriver à la maison de la mère-grand ; il heurte : Toc, toc.

– Qui est là ?

– C'est votre fille le Petit Chaperon rouge (dit le Loup, en contrefaisant sa voix) qui vous apporte une galette et un petit pot de beurre que ma mère vous envoie.

La bonne mère-grand, qui était dans son lit à cause qu'elle se trouvait un peu mal, lui cria :

– Tire la chevillette, la bobinette cherra.

Le Loup tira la chevillette et la porte s'ouvrit. Il se jeta sur la bonne femme, et la dévora en moins de rien ; car il y avait plus de trois jours qu'il n'avait mangé. Ensuite il ferma la porte, et s'alla coucher dans le lit de la mère-grand, en attendant le Petit Chaperon rouge, qui quelque temps après vint heurter à la porte. Toc, toc.

– Qui est là ?

Le Petit Chaperon rouge, qui entendit la grosse voix du Loup eut peur d'abord, mais croyant que sa mère-grand était enrhumée, répondit :

– C'est votre fille le Petit Chaperon rouge, qui vous apporte une galette et un petit pot de beurre que ma mère vous envoie.

Le Loup lui cria en adoucissant un peu sa voix :

– Tire la chevillette, la bobinette cherra.

Le Petit Chaperon rouge tira la chevillette, et la porte s'ouvrit.

Le Loup, la voyant entrer, lui dit en se cachant dans le lit sous

DICTIONNAIRE DE LA LANGUE FRANÇAISE
L'OCÉAN
PARIS SOUS L'OCCUPATION
Album
CYCLOPÉDIE
1926
MOLIÈRE
CARNET VOYAGE
CIORAN
HISTOIRES À LIRE AU LIT

la couverture :

– Mets la galette et le petit pot de beurre sur la huche, et viens te coucher avec moi.

Le Petit Chaperon rouge se déshabille, et va se mettre dans le lit, où elle fut bien étonnée de voir comment sa mère-grand était faite en son déshabillé. Elle lui dit :

– Ma mère-grand, que vous avez de grands bras !

– C'est pour mieux t'embrasser, ma fille.

– Ma mère-grand, que vous avez de grandes jambes !

– C'est pour mieux courir, mon enfant.

– Ma mère-grand, que vous avez de grandes oreilles !

– C'est pour mieux écouter, mon enfant.

– Ma mère-grand, que vous avez de grands yeux !

– C'est pour mieux voir, mon enfant.

– Ma mère-grand, que vous avez de grandes dents !

– C'est pour te manger !

Et en disant ces mots, ce méchant Loup se jeta sur le Petit Chaperon rouge, et la mangea.

Les Fées

illustré par Clémence Pénicaud

Il était une fois une veuve qui avait deux filles ; l'aînée lui ressemblait si fort et d'humeur et de visage, que qui la voyait voyait la mère. Elles étaient toutes deux si désagréables et si orgueilleuses qu'on ne pouvait vivre avec elles.

La cadette, qui était le vrai portrait de son père pour la douceur et pour l'honnêteté, était avec cela une des plus belles filles qu'on eût su voir.

Comme on aime naturellement son semblable, cette mère était folle de sa fille aînée, et en même temps avait une aversion effroyable pour la cadette. Elle la faisait manger à la cuisine et travailler sans cesse. Il fallait entre autres choses que cette pauvre enfant allât deux fois le jour puiser de l'eau à une grande demi-lieue du logis, et qu'elle en rapportât une grande cruche pleine.

Un jour qu'elle était à cette fontaine, il vint à elle une pauvre femme qui la pria de lui donner à boire.

– Oui-da, ma bonne mère, dit cette belle fille ; et rinçant aussitôt sa cruche, elle puisa de l'eau au plus bel endroit de la fontaine, et la lui présenta, soutenant toujours la cruche afin qu'elle bût plus aisément.

La bonne femme, ayant bu, lui dit :

– Vous êtes si belle, si bonne, et si honnête, que je ne puis m'empêcher de vous faire un don (car c'était une fée qui avait pris la forme d'une pauvre femme de village, pour voir jusqu'où irait l'honnêteté de cette jeune fille). Je vous donne pour don, poursuivit la fée, qu'à chaque parole que vous direz, il vous sortira de la bouche ou une fleur, ou une pierre précieuse.

Lorsque cette belle fille arriva au logis, sa mère la gronda de revenir si tard de la fontaine.

– Je vous demande pardon, ma mère, dit cette pauvre fille, d'avoir tardé si longtemps ; et en disant ces mots, il lui sortit de la bouche deux roses, deux perles, et deux gros diamants.

– Que vois-je, dit sa mère tout étonnée ; je crois qu'il lui sort de la bouche des perles et des diamants ; d'où vient cela, ma fille ? (ce fut là la première fois qu'elle l'appela sa fille).

La pauvre enfant lui raconta naïvement tout ce qui lui était arrivé, non sans jeter une infinité de diamants.

– Vraiment, dit la mère, il faut que j'y envoie ma fille ; tenez, Fanchon, voyez ce qui sort de la bouche de votre sœur quand elle parle ; ne seriez-vous pas bien aise d'avoir le même don ? Vous n'avez qu'à aller puiser de l'eau à la fontaine, et quand une pauvre femme vous demandera à boire, lui en donner bien honnêtement.

– Il me ferait beau voir, répondit la brutale, aller à la fontaine.

– Je veux que vous y alliez, reprit la mère, et tout à l'heure.

Elle y alla, mais toujours en grondant. Elle prit le plus beau flacon d'argent qui fût dans le logis. Elle ne fut pas plus tôt arrivée à la fontaine qu'elle vit sortir du bois une dame magnifiquement vêtue qui vint lui demander à boire : c'était la même fée qui était apparue à sa sœur, mais qui avait pris l'air et les habits d'une princesse, pour voir jusqu'où irait la malhonnêteté de cette fille.

– Est-ce que je suis ici venue, lui dit cette brutale orgueilleuse, pour vous donner à boire, justement j'ai apporté un flacon d'argent

tout exprès pour donner à boire à Madame! J'en suis d'avis, buvez à même si vous voulez.

– Vous n'êtes guère honnête, reprit la fée, sans se mettre en colère; hé bien! puisque vous êtes si peu obligeante, je vous donne pour don qu'à chaque parole que vous direz, il vous sortira de la bouche ou un serpent ou un crapaud.

D'abord que sa mère l'aperçut, elle lui cria:

– Hé bien, ma fille!

– Hé bien, ma mère ! lui répondit la brutale, en jetant deux vipères, et deux crapauds.

– Ô Ciel ! s'écria la mère, que vois-je là ? C'est sa sœur qui en est cause, elle me le paiera ; et aussitôt elle courut pour la battre.

La pauvre enfant s'enfuit, et alla se sauver dans la forêt prochaine. Le fils du roi qui revenait de la chasse la rencontra et la voyant si belle, lui demanda ce qu'elle faisait là toute seule et ce qu'elle avait à pleurer.

– Hélas ! Monsieur, c'est ma mère qui m'a chassée du logis.

Le fils du roi, qui vit sortir de sa bouche cinq ou six perles, et autant de diamants, la pria de lui dire d'où cela lui venait. Elle lui conta toute son aventure. Le fils du roi en devint amoureux, et considérant qu'un tel don valait mieux que tout ce qu'on pouvait donner en mariage à un autre, l'emmena au palais du roi son père où il l'épousa.

Pour sa sœur, elle se fit tant haïr que sa propre mère la chassa de chez elle ; et la malheureuse, après avoir bien couru sans trouver personne qui voulût la recevoir, alla mourir au coin d'un bois.

Riquet à la houppe

illustré par Pascale Breysse

Il était une fois une reine qui accoucha d'un fils si laid et si mal fait qu'on se demanda longtemps s'il avait forme humaine.

Une fée qui se trouva à sa naissance assura qu'il aurait en revanche beaucoup d'esprit, et qu'il aurait en outre le pouvoir d'en donner autant à celle qu'il aimerait le mieux.

J'oubliais de dire qu'il vint au monde avec une petite houppe de cheveux sur la tête, ce qui fit qu'on le nomma Riquet à la houppe.

Au bout de sept ou huit ans, la reine d'un royaume voisin accoucha de deux filles et on ne parla partout que de la beauté de l'aînée et de l'esprit de la cadette.

À mesure que ces deux princesses devinrent grandes, la cadette enlaidissait à vue d'œil, tandis que l'aînée devenait plus stupide de jour en jour.

Un matin que l'aînée s'était retirée dans un bois pour y plaindre son malheur, elle vit venir à elle un petit homme fort laid et fort désagréable. C'était le jeune prince Riquet à la houppe. Ayant remarqué qu'elle était fort mélancolique, il lui dit :

– Je ne comprends point, Madame, comment quelqu'un d'aussi belle que vous l'êtes peut être aussi triste que vous le paraissez.

– J'aimerais mieux, dit la princesse, être aussi laide que vous et avoir de l'esprit, que d'avoir de la beauté comme j'en ai, et être bête autant que je le suis.

– Savez-vous, Madame, dit Riquet à la houppe, que votre raisonnement n'est point signe de bêtise ? Savez-vous aussi que j'ai le pouvoir de donner de l'esprit à celle que je dois aimer le plus ; et comme vous êtes, Madame, celle-là, il n'en tiendra qu'à vous que vous n'ayez autant d'esprit qu'on en peut avoir, pourvu que vous vouliez bien m'épouser.

La princesse demeura tout interdite, et ne répondit rien.

– Je vois, reprit Riquet à la houppe, que cette proposition vous fait de la peine, et je ne m'en étonne pas, mais je vous donne un an tout entier pour vous y résoudre.

La princesse s'imagina que la fin de cette année ne viendrait jamais, de sorte qu'elle accepta la proposition qui lui était faite.

Elle n'eut pas plus tôt promis à Riquet à la houppe de l'épouser dans un an, qu'elle se sentit tout autre qu'elle n'était auparavant. Elle commença dès ce moment une conversation galante et soutenue avec Riquet à la houppe et son changement fut si visible à la Cour à mesure que les mois passaient, que son père et tous les courtisans s'en étonnèrent.

Un an s'était écoulé quand elle alla par hasard se promener dans le bois où elle avait trouvé Riquet à la houppe la première fois,

et elle n'eut pas fait trente pas qu'il se présenta à elle.

–Vous me voyez, Madame, dit-il, exact à tenir ma parole, et je ne doute point que vous ne veniez ici pour exécuter la vôtre, et me rendre, en me donnant la main, le plus heureux de tous les hommes.

–Vous savez que, quand j'étais bête, je ne pouvais néanmoins me résoudre à vous épouser. Comment voulez-vous qu'ayant l'esprit que vous m'avez donné, je prenne aujourd'hui une décision que je n'ai pu prendre dans ce temps-là ? Si vous pensiez tout de bon à m'épouser, vous avez eu grand tort de m'ôter ma bêtise, et de me faire voir plus clair que je ne voyais.

–Venons-en, s'il vous plaît, à la réserve de ma laideur, dit alors Riquet impatienté. Y a-t-il quelque chose en moi qui vous déplaise ? Êtes-vous mal contente de ma naissance, de mon esprit, de mon humeur, et de mes manières ?

– Nullement, répondit la princesse, j'aime en vous tout ce que vous venez de me dire.

– Si cela est ainsi, reprit Riquet à la houppe, je vais être heureux, puisque vous pouvez me rendre le plus aimable de tous les hommes. Car enfin, Madame, sachez que la même fée qui, au jour de ma naissance, me fit le don de pouvoir rendre spirituelle qui me plairait, vous a aussi fait le don de pouvoir rendre beau celui que vous aimerez, et à qui vous voudrez bien faire cette faveur.

– Si la chose est ainsi, dit la princesse, je souhaite de tout mon cœur que vous deveniez le prince du monde le plus beau et le plus aimable, et je vous en fais le don autant qu'il est en moi.

La princesse n'eut pas plus tôt prononcé ces paroles, que Riquet à la houppe parut à ses yeux l'homme du monde le plus beau, le mieux fait, et le plus aimable qu'elle eût jamais vu.

Quelques-uns assurent que ce ne furent point les charmes de la fée qui opérèrent, mais que l'amour seul fit cette métamorphose.

Quoi qu'il en soit, la princesse lui promit sur-le-champ de l'épouser et, dès le lendemain, les noces furent faites ainsi que Riquet à la houppe l'avait prévu, et selon les ordres qu'il en avait donnés longtemps auparavant.

Peau d'Âne

illustré par Sandrine Morgan

Il était une fois un roi qui était le plus heureux des hommes. Son royaume vivait en paix et il était aimé de son peuple. Il avait une femme aussi belle que vertueuse et une fille aussi resplendissante que sa mère. Ce roi possédait dans ses écuries un âne qu'il aimait tout particulièrement : il avait la singulière vertu de couvrir sa litière de pièces d'or au lieu de la souiller.

Un jour, la reine fut prise d'une incurable maladie. Sentant sa dernière heure approcher, elle appela son époux :

– Mon roi, promettez-moi de vous remarier avec une princesse plus belle que moi.

Après la mort de la reine, les grands seigneurs de la cour vinrent demander au roi d'avoir un héritier avec une nouvelle reine ; le roi, plein de tristesse, envoya des chevaliers à la recherche de la perle rare.

Chaque jour, l'on apportait de charmants portraits de princesses à marier, mais aucune ne surpassait en beauté la reine disparue. Seule sa fille, la princesse, l'égalait. La fraîcheur de son teint et sa jeunesse persuadèrent alors son père de l'épouser.

La jeune princesse, effrayée par cette terrible proposition, se jeta aux pieds du roi en le suppliant d'oublier cette idée. Mais son père s'obstina. Alors, la nuit venue, la princesse partit se confier à la fée des Lilas, sa marraine.

Cette dernière l'écouta longuement :

– Ma chère enfant, dis à ton père que tu acceptes de l'épouser s'il t'offre une robe couleur du temps.

La princesse fit ce que sa marraine lui avait recommandé. Mais le roi menaça tant ses tailleurs que ceux-ci revinrent bientôt avec une somptueuse robe bleu ciel, brodée d'oiseaux multicolores.

Sur les conseils de sa marraine, la princesse demanda alors une robe couleur de lune. Dès le lendemain, les ouvriers du roi présentèrent à la princesse une robe étincelante de blancheur.

Puis, elle demanda une robe couleur de soleil. Mais grâce aux bijoux que le roi leur avait confiés, les tailleurs confectionnèrent une robe plus belle encore que les précédentes. La princesse était désespérée. La fée, elle, ne s'avouait pas vaincue :

– Demande au roi la peau de son âne, celui qu'il aime tant. Il ne pourra se résoudre à le tuer et tu seras sauvée.

La princesse courut alors chez son père, qui fut fort étonné de sa requête. Néanmoins, il n'hésita pas un instant et, dès le lendemain, la princesse recevait la dépouille du pauvre animal.

La fée des Lilas accourut aussitôt :

– Ne désespère pas, enveloppe-toi dans cette peau d'âne et quitte le palais au plus tôt. Voici une baguette magique qui te permettra d'appeler quand tu le souhaiteras ton coffre de robes et de bijoux.

La princesse embrassa sa marraine et s'enfuit le soir même, les joues noircies de suie, affublée de la vilaine peau d'âne.

Quand le roi apprit la nouvelle, il fit partir plus de mille mousquetaires à sa recherche. En vain ! La jeune princesse était déjà loin.

Elle avait trouvé refuge dans une ferme où l'on avait besoin d'une souillon pour s'occuper du troupeau de dindons. Tout le monde à la ferme se moquait de sa peau d'âne, sale et repoussante.

Mais le soir, quand personne ne la voyait, la princesse s'enfermait dans son triste logis, au fond de la sombre allée. Elle enlevait sa peau de bête, lavait son visage et ses mains, poudrait ses cheveux, puis revêtait l'une de ses robes somptueuses en soupirant.

Un jour, alors que Peau d'Âne se reposait dans sa chambre, le fils du roi voisin vint visiter la ferme. Tandis qu'il se promenait dans le jardin, son regard fut attiré par une petite porte. Curieux, il regarda par le trou de la serrure et aperçut alors la plus jolie jeune fille qu'il ait jamais vue.

Bouleversé, il interrogea la fermière qui logeait dans la cabane au fond de l'allée.

– C'est une pauvre souillon du nom de Peau d'Âne que nous avons recueillie.

Le prince revint au palais dépité. L'image de la jeune fille ne le quittait pas, tant et si bien qu'il finit par se rendre malade d'amour et refusa de manger.

Les médecins ne savaient que faire. La reine lui demanda ce qui pourrait atténuer ses souffrances.

– J'aimerais que Peau d'Âne me fasse un gâteau, répondit-il.

Étonnée de cette réponse, la reine alla se renseigner sur Peau d'Âne et lui fit ordonner un gâteau. Or il advint qu'en pétrissant la pâte, la princesse y fit tomber malencontreusement l'une de ses plus belles bagues. Lorsque le gâteau fut cuit, elle le confia à l'officier.

Dès qu'il vit le gâteau, le prince le saisit avidement et, lorsqu'il découvrit la bague, il y déposa un baiser. Mais, ignorant comment il pourrait retrouver celle à qui ce bijou appartenait, il fut saisi de mille tourments et la fièvre le reprit.

Les médecins, ne sachant plus que faire, déclarèrent alors que le prince était malade d'amour.

– Mon fils, nomme-nous celle que tu aimes, supplia la reine, quelle qu'elle soit.

– Celle dont le doigt s'ajustera à cette bague deviendra ma femme, répondit le prince.

Le roi, rassuré par la beauté du bijou, envoya ses hérauts dans tout le royaume à la recherche de la future épouse. Les princesses arrivèrent les premières, puis les duchesses et les marquises. Mais aucune n'avait le doigt assez fin.

Les femmes de chambre, les cuisinières et les bergères essayèrent la bague à leur tour, mais sans résultat. Le prince s'inquiéta :

– A-t-on fait venir cette Peau d'Âne qui m'a préparé un gâteau ?

Ce fut un éclat de rire général. Mais le roi avait donné sa parole : toutes les femmes du royaume devaient essayer la bague.

Ce jour-là, la princesse s'était coiffée plus soigneusement que d'habitude et avait mis sa robe couleur de soleil. Quand elle entendit l'officier frapper à sa porte, elle se couvrit en hâte de sa peau d'âne et le suivit.

En arrivant au palais, la jeune fille fut la risée de tous, mais elle tendit sa main blanche et le prince ajusta la bague à son doigt sans difficulté. La peau d'âne glissa alors des épaules de la princesse et la jeune fille apparut dans une robe plus belle que toutes celles des demoiselles de la cour. Le prince se mit aussitôt à ses genoux et lui demanda de l'épouser.

À ce moment-là, le plafond de la grande salle s'ouvrit et la fée des Lilas parut. Elle raconta à tous l'histoire de la princesse.

Le roi et la reine, charmés du choix du prince, envoyèrent immédiatement une invitation aux seigneurs des royaumes proches et lointains. Le père de Peau d'Âne, lui-même remarié depuis à une reine fort belle, vint donner à la jeune fille son accord et lui demander pardon.

Les noces furent somptueuses et les jeunes mariés couverts de présents. On dit que l'amour de ces époux durerait encore s'ils n'étaient pas morts cent ans plus tard.

Le Petit Poucet

illustré par Jérôme Brasseur

Il était une fois un bûcheron et sa femme qui étaient très pauvres et aucun de leurs sept enfants ne pouvait encore les aider à leur labeur. De plus, leur petit dernier gardait presque toujours le silence, ce qui les chagrinait beaucoup. Quand cet enfant était venu au monde, sept ans auparavant, il n'était guère plus grand qu'un pouce, c'est pourquoi on l'avait appelé le Petit Poucet. Il était le souffre-douleur de toute la maisonnée et, pourtant, il était plus fin et beaucoup plus avisé que ses frères.

Survint une année où la famine fut si grande que le pauvre bûcheron décida de se séparer de ses enfants, qu'il n'arrivait plus à nourrir. Un soir qu'ils étaient tous couchés, il vint retrouver sa femme au coin du feu et lui dit, le cœur serré, qu'il perdrait leurs enfants le lendemain dans la forêt.

Le Petit Poucet, qui dormait mal, s'était glissé hors de son lit et avait écouté leur conversation. Il passa la nuit à se demander ce qu'il pouvait bien faire.

Le lendemain matin, il sauta de son lit et courut à la rivière. Là, il remplit ses poches et sa besace de petits cailloux blancs et revint prestement à la maison. Bientôt, toute la famille s'apprêta à partir.

Comme à l'accoutumée, ils s'enfoncèrent dans la forêt. Tout au long du chemin, le Petit Poucet semait discrètement ses cailloux. Quand ils arrivèrent au cœur de la forêt, le bûcheron et sa femme se mirent au travail. Au bout d'une heure, voyant leurs enfants occupés à faire des fagots, ils s'enfuirent par un petit sentier détourné.

Lorsque les enfants se virent seuls, ils se mirent à pleurer de toutes leurs forces. Mais le Petit Poucet les rassura :

– Ne craignez rien, mes frères, nos parents nous ont laissés ici, mais je vous promets de vous ramener très bientôt à la maison.

En suivant les cailloux blancs semés par le petit dernier, les sept frères rentrèrent chez eux par le chemin qu'ils avaient emprunté à l'aller. Ils s'approchèrent de la maison et, n'osant pas entrer, ils mirent tous l'oreille contre la porte pour écouter ce que disaient leurs parents à cet instant.

De retour chez eux, le bûcheron et sa femme avaient reçu du seigneur du village une vieille dette de dix écus qui leur avait redonné vie car ils mouraient de faim. Mais ils ne cessaient de pleurer et de se reprocher d'avoir abandonné leurs enfants.

Alors les sept frères crièrent derrière la porte :

– Nous voici ! Nous sommes là !

Leur mère courut vite leur ouvrir et les embrassa. Le bûcheron, plein de regrets, les fit dîner du reste de viande.

Malheureusement, la joie de revoir leurs enfants ne dura que le temps des dix écus. Lorsque l'argent fut dépensé, le bûcheron et sa femme se résolurent à abandonner une fois encore leurs garçons dans la forêt.

Le Petit Poucet, qui les avait entendus, décida de procéder de la même manière que la fois précédente. Mais, quand il se leva très tôt le matin pour aller chercher des cailloux à la rivière, il s'aperçut que la porte de la maison était fermée à double tour. Que faire ?

Lorsque la bûcheronne leur donna un morceau de pain pour le déjeuner, il décida de semer des miettes le long du chemin. Le bûcheron et sa femme les emmenèrent au plus profond de la forêt. Derrière eux, le Petit Poucet semait en cachette ses miettes de pain.

Lorsque leurs parents les abandonnèrent, il partit à la recherche des miettes. Mais les oiseaux les avaient toutes mangées ! À l'approche de la nuit, ils se réfugièrent sous un hêtre où le Petit Poucet grimpa pour scruter l'horizon. Il aperçut une lumière dans le lointain.

Ils marchèrent longtemps dans sa direction. Lorsqu'ils sortirent enfin de la forêt, ils découvrirent une petite maison et frappèrent timidement à la porte. La femme qui leur ouvrit s'écria :

– Que faites-vous ici, si tard dans la nuit ?

– Nous nous sommes perdus dans la forêt, Madame. Pourriez-vous nous offrir l'hospitalité pour la nuit ? lui demanda le Petit Poucet.

Les voyant si charmants, elle se mit à pleurer :

– Hélas, mes pauvres enfants ! C'est ici la maison de l'ogre qui mange les enfants !

– Que pouvons-nous faire, Madame ? lui répondit le Petit Poucet, tremblant. Les loups nous mangeront si nous restons dans la forêt.

Pensant qu'elle pourrait les cacher jusqu'au lendemain matin, la brave femme les invita à se réchauffer devant un grand feu. Soudain, les sept frères entendirent l'ogre frapper trois grands coups à la porte. Aussitôt, sa femme les cacha sous un lit et alla ouvrir.

L'ogre demanda son souper et du vin, puis se mit à table. Il dévora un mouton saignant, s'arrêtant parfois pour flairer de gauche à droite.

– Ça sent la chair fraîche ! gronda-t-il soudain.

– C'est peut-être le veau que je viens de préparer ? suggéra timidement sa femme.

– Je te dis que ça sent la chair fraîche ! répéta l'ogre, et, sans hésiter, il courut à l'autre bout de la pièce où il découvrit les sept garçons terrorisés.

– Ne peux-tu pas attendre demain pour les égorger ? cria sa femme lorsqu'il brandit son couteau. Tu as déjà un veau, deux moutons et un demi-cochon pour ce soir.

– Tu as raison, dit l'ogre, donne-leur bien à manger afin qu'ils ne maigrissent pas et va les coucher.

L'ogre avait sept filles du même âge que les garçons, qui promettaient de devenir de vraies ogresses car elles mordaient déjà les petits enfants pour sucer leur sang.

Leur mère les avait couchées de bonne heure et avait placé une petite couronne sur leur tête, comme chaque soir.

Une fois leur repas terminé, elle installa les garçons dans un grand lit, dans la même chambre que ses filles, puis alla se coucher.

Le Petit Poucet ne put s'endormir. Il craignait que l'ogre n'eût quelques remords de ne pas les avoir égorgés le soir même. Alors il se leva, prit les bonnets de ses frères et le sien et les mit sur la tête des princesses à la place des couronnes. Puis il plaça les couronnes sur la tête de ses frères et sur la sienne.

Vers minuit, l'ogre s'éveilla et descendit à la cuisine prendre son grand couteau.

Il s'approcha à tâtons du lit des petits garçons, posa ses mains sur leurs têtes et sentit les couronnes d'or :

– Malheur ! s'exclama-t-il. J'allais tuer mes propres filles.

Il se précipita vers l'autre lit et toucha les bonnets.

– Ah, voilà les gaillards ! Finissons l'ouvrage !

Ce disant, il trancha sans hésiter la gorge de ses sept filles. Puis, il alla se recoucher.

Dès que le Petit Poucet entendit le ronflement sonore de l'ogre, il réveilla ses frères et les pressa de le suivre. L'un après l'autre, ils sautèrent dans le jardin et s'enfuirent.

Le lendemain matin, l'ogre dit à sa femme :

– Va préparer les petits drôles d'hier soir.

Quelle ne fut pas la surprise de sa femme lorsqu'elle arriva sur le seuil de la chambre : ses filles gisaient sur leur lit, égorgées. Elle poussa un cri et s'évanouit. L'ogre monta les marches quatre à quatre et contempla le triste spectacle.

– Ah, mes filles ! Qu'ai-je fait là ? s'exclama-t-il. Ils me le payeront, ces malheureux !

Il chaussa ses bottes de sept lieues qui lui permettaient de franchir les rivières et les collines aussi facilement qu'un géant. Les enfants n'étaient plus qu'à cent pas de chez eux, mais, quand ils le virent s'approcher, ils se cachèrent dans le creux d'un rocher. L'ogre s'arrêta pour se reposer et s'allongea précisément sur le rocher où ils s'étaient réfugiés. Il s'endormit bientôt et les garçons, effrayés, n'osèrent pas sortir.

Le Petit Poucet dit alors à ses frères de rentrer à la maison, puis il s'approcha de l'ogre qui dormait toujours. Il tira doucement ses bottes et les enfila aussitôt. Comme elles étaient magiques, elles avaient la propriété de s'adapter aux pieds qu'elles chaussaient. Le Petit Poucet prit son élan et s'élança sur le chemin qui conduisait à la maison de l'ogre. Il y parvint en quelques enjambées et s'approcha de la femme de l'ogre qui pleurait, assise auprès de ses filles égorgées.

– Votre mari est en grand danger, Madame, lui dit-il. Il a été surpris par une troupe de voleurs qui ont juré de le tuer s'il ne leur donne pas toute sa fortune. Il m'a prié de venir vous voir au plus vite, afin que vous me donniez la totalité de ce qu'il possède.

La femme, affolée, lui confia toutes les richesses de l'ogre. Chargé de son butin, le Petit Poucet revint au logis de ses parents où il fut accueilli avec joie.

On raconte que la famille du bûcheron vécut heureuse pendant de longues années, sans jamais manquer de rien. On dit aussi que le Petit Poucet partit un jour à la cour du roi avec ses bottes de sept lieues. Le monarque lui promit une belle récompense s'il lui rapportait des nouvelles de son armée, à deux cents lieues de là, ce que le Petit Poucet fit le jour même. Fort de son succès, il resta encore quelque temps au service du roi, puis revint vivre auprès de sa famille. Jamais plus la misère ne vint troubler la paix de leur foyer.

Fin